임용시험과
전문직시험을 위한
필독서

| 선생님과 마을교육활동가를 위한 교육매뉴얼 |

세계시민성과 인권이 정답이다

임종근 지음

The Future of Education :
Global Citizenship and Human Rights

지속발전가능한 행복사회를 위한 미래교육의 최우선 과제

선생님과 마을교육활동가들이 현장에서 바로 사용할 수 있는 Slide와 강의 시나리오 제공

(전) 서울특별시성동광진교육지원청 교육장이 전하는 시민성과 인권의식 함양 로드맵

세창문화사

The Future of Education: Global Citizenship and Human Rights

세계시민성과 인권이 정답이다

매뉴얼 사용 방법

본 매뉴얼은 세계시민성과 인권의식 함양을 위한 교육을 시도하려는 선생님과 마을교육활동가를 위한 지침서이자 참고자료입니다.

총론에서는 대한민국 교육의 현재와 미래를 거시적 관점으로 진단하며 교육의 지속가능한 방향성을 생각해 보았고, 이어서 시민교육으로서 민주시민교육과 세계시민교육에 대해 무엇을 어떻게 교육할 것인가를 제시하였습니다.

각론에서는 우리 사회가 직면한 당면 과제인 아동학대·학교폭력 예방 및 근절 방안, 성차별·성폭력 없는 평등사회 구현 방안, 다인종·다문화사회의 상호문화교육 방안, 노동인권이 존중되는 시민사회 만들기, 이렇게 4가지 주제로 강의를 구성하였습니다.

매 강의는 3시간 분량으로 설정하였으나, 상황에 따라 2시간으로 편집하여 사용하실 수도 있습니다. 강의마다 시작 부분에서는 특정 사례나 언론 기사 등 작금의 실태에 대하여 공감대를 형성하는 시간을 가졌고, 전개 부분에서는 주제 관련 법과 제도, 현행 정책과 문제점 등을 다루었습니다. 결론에 와서는 교육의 방향과 과제 및 전략, 그리고 강의 관련 토론 주제를 제안하였습니다.

강의별로 20쪽 내외의 slide가 제공되며, slide마다 상세한 강의 시나리오를 제공하였습니다. 아울러 slide와 시나리오에서 꼭 다루어야 할 용어를 쉽게 설명하였고, 쉼터를 활용하여 강의 관련 칼럼을 수록하였습니다. 그리고 마지막 장에서는 강사님들을 위한 강의 TIP을 담았습니다.

그동안 민주시민교육, 통일교육, 인성교육, 인권교육 등은 국가교육과정에서 범교과학습이라는 용어로 제시되었고 권장사항이었습니다. 그러나 미래교육과정이라 할 수 있는 2022 개정 교육과정에서는 민주시민교육을 포함한 세계시민교육과 인권교육을 모든 교과에서 필수적으로 해야 하는 의무사항이 되었습니다. 그리고 학교 밖의 수많은 교육 관련 기관, 단체, 시설에서도 시민교육으로서의 세계시민성 및 인권의식 함양을 위한 교육을 해야만 할 상황입니다.

본 매뉴얼이 공교육기관에 계시는 선생님과 학교 밖에서 마을교육이나 기업교육을 하시는 분들께 세계시민교육과 인권교육의 방향성과 전략을 수립하는 데 작으나마 도움이 되기를 희망합니다.

임 종 근
한양대 교육대학원

추천사

제가 서울특별시교육청 초대 학생인권옹호관으로 근무할 당시 서울 전역 11개 교육청의 학교장 1,300여 분을 대상으로 임종근 교수님과 장장 한 달 이상을 학생인권교육을 시행했던 기억은 아마도 학생인권 교육사에서 드물게 있는 상황이었습니다. 그 결과 학교에 학생인권이 자리 잡는 데 큰 역할을 했었습니다. 이렇게 초중고등학교에서 인권교육이 진전된 것은 임종근 교수님의 노력이 있어서 가능했습니다.

학교 인권교육은 학생들과 오랜 시간 함께 어려움과 기쁨과 슬픔을 느낀 당사자가 가장 잘 알고 있습니다. 교육 현장에서 교사로, 장학사로, 학교장, 그리고 교육장, 학생인권위원장으로 학생인권영향평가 등 수많은 난제들을 인권적인 측면에서 늘 고민하고 열정적으로 해결하려 했던 임종근 교수님이 인권교육 매뉴얼을 출판하는 것은 너무나 당연하고 축하드릴 일입니다.

책의 내용은 학교와 일상생활에서 부딪치는 여러 인권침해 사항들을 고려하면, 반드시 활용해야 할 교육 내용입니다. 이제 교육 현장에서 발생하는 문제들은 한 가지 사실만으로 정의하기 어려울 정도로 난제가 되었습니다. 임종근 교수님이 제시한 학생인권, 성평등, 다문화, 노동, 사이버 폭력 등은 교사들과 마을활동가들이 기본적으로 알아야 할 소양입니다. 실제 사례들과 다양한 의견을 제시하고 현장에서 경험하고 느꼈던 일을 공유하면서 함께 토론하는 모든 것이 교육입니다. 긴 시간 고민하신 여러 노력들이 총 망라된 매뉴얼이고 현장에서 반드시 필요한 사례들입니다.

"학교 현장은 코로나19 팬데믹으로 예측하지 못한 미래적 상황에 직면하고 있다. 지금이 미래인 것이다. 이런 상황에서 학생들에게 필요한 교육은 '삶을 위한 교육(Learning for Life)'이다. 공교육기관에서 생명존중교육, 생태전환교육, 세계시민교육, 디지털시민교육, 인권교육을 충실히 해야만 하는 시대적 상황이다. 이제 성적 경쟁과 명문교 진학, 승진, 출세 등 개인적 가치보다는 공존, 상생, 협력, 포용, 평등, 정의, 지속가능발전 등 공동체적 가치를 중시하고 실천하는 교육에 역점을 두어야 한다. 그러한 교육은 머리보다는 몸으로 배우는 학교자치 활성화를 통하여 가능하다." 이 책은 미래를 살아야 하는 현재의 우리들을 위하여 친절하게 설명하고 누구나 쉽게 이해하고 적용할 수 있도록 정리되어 있습니다. 학교와 마을에서 적극 활용하시길 권합니다.

윤 명 화

서울혁신센터장, 충암학원 이사장, (전) 서울시교육청 학생인권옹호관

I 매뉴얼 특징 및 체제

CHAPTER I

매뉴얼 특징 및 체제

1 개발 목적

대한민국은 2010년부터 도움을 받던 나라에서 저개발국을 지원하는 공적개발원조(ODA) 국가로 부상하였고, 같은 해에 G20 세계금융정상회담을 의장국으로서 개최하였다. 2013년에는 난민법을 발표하면서 아시아 최초로 난민을 받아들이는 국가가 되었고, 2021년에는 유엔무역개발회의(UNCTAD)로부터 선진국으로 공식 인정을 받았다. 또한, 스포츠와 예술 분야에서도 전 세계를 선도하고 있다. 1988년 서울 하계올림픽에 이어 2018년 평창 동계올림픽을 두 차례나 개최하였고, 아이돌 BTS는 빌보드 싱글차트 1위를 석권하고 기생충, 오징어게임 등의 영화도 대한민국을 알리는 데에 기여하였다.

외형적으로 대한민국의 국격은 점점 높아지고 있으나, 실제로는 우리 사회에 어두운 그림자가 드리워져 있다. 오래전부터 '아픈 교육. 병든 사회'라는 이야기가 회자되고 있다는 점이다. OECD 국가 중에서 청소년의 주관적 행복지수가 최하위이며, 자살률은 18년 동안 최상위라는 부끄러운 사실은 교육문화적인 측면에서 간과할 수 없는 심각한 문제이다.

실제로 초중고등학교의 학교폭력은 저연령화되고 다양화되면서 여전히 심각한 상황이다. 특히, 스마트폰 보유율이 늘어나면서 언어폭력과 디지털폭력은 증가 추세에 있다. 정부에서 2019년 7월 직장 내 괴롭힘 금지법, 2019년 12월 여성폭력 방지 기본법, 2021년 2월 정인이법, 2021년 10월 스토킹범죄의 처벌 등에 관한 법률 등 연속적으로 폭력 관련 법률을 제정하고 있음은 권력형 갑질, 데이트폭력 등 여성폭력, 아동학대범죄, 사이버성폭력 등이 심각한 사회임을 보여주는 것이다.

우리나라는 국내외적인 절체절명의 당면과제를 안고 있다. 국가 내에서는 혐오, 차별, 폭력 없는 평화로운 정의 사회를 구축하는 것이고, 국제적으로는 기후 위기, 생태 파괴, 생물 다양성 소실, 인간 숙주 바이러스 창궐, 빈곤과 기아 등 전 지구적인 문제를 해결하면서 생태환경 보전과 생명 보호에 역점을 두는 것이다.

본 매뉴얼은 이러한 국내외적 상황을 고려하고 지속발전가능한 행복사회를 구축하고자 학생, 보호자, 시민을 대상으로 세계시민성교육 및 인권교육을 체계적으로 충실히 하려는 데에 목적을 두고 있다. 매뉴얼 활용 대상은 초중고등학교에서 교육을 담당하는 교원들과 학교 밖의 마을교육활동가들이다. 일차적으로 교육을 담당하는 교육자들이 시민성과 인권 의식이 높아야 미래를 살아갈 학생들을 효과적으로 가르칠 수 있다.

2 개발 방향

가. 정부의 K-SDGs 17개 과제 중에서 교육 관련 내용 선정

1) 과제 4: 모두를 위한 양질의 교육

정부의 K-SDGs 4번의 목표는 모두를 위한 포용적이고 공평한 양질의 교육 보장 및 평생학습 기회 증진을 추구하는 것이다. 모든 아동 및 성인이 성별과 장애 유무에 관계없이 효과적인 학습을 할 수 있도록 하고 양질의 기술·직업·대학교육을 평등하게 받을 수 있으며, 양질의 교육을 위한 교사를 확보할 수 있도록 세부 목표와 지표가 구성되어 있다.

본 매뉴얼에서는 초중고등학생들에게 양질의 교육을 제공하는 데에 중점을 두고 지식·기능교육의 관행을 벗어나 참여와 연대를 실천하는 세계시민으로서의 역량을 갖도록 하는 삶을 위한 교육(Learning for Life)에 방향성을 둔다.

2) 과제 5: 성평등 보장

정부의 K-SDGs 5번은 성평등 달성과 여성 및 여아의 권익 신장을 추구하는 것을 목표로, 성차별 및 성폭력을 철폐하고 가사노동의 가치를 인정하도록 세부 목표와 지표가 구성되어 있다.

본 매뉴얼에서는 학교폭력의 유형에 포함된 성폭력(성희롱, 성추행, 성폭행)을 예방하고 근절할 수 있도록 성인지감수성과 양성평등의 중요성을 강조하는 성평등교육에 방향성을 둔다.

3) 과제 10: 모든 종류의 불평등 해소

정부의 K-SDGs 10번은 경제적 불평등뿐만 아니라 보건, 교육, 자산관리 등 모든 분야에서의 불평등을 해소하기 위해 수립한 목표이다.

본 매뉴얼에서는 증가하는 중고등학생들의 다양한 알바와 각종 노동인권 침해에 대한 문제를 근본적으로 해결하기 위하여 2022 국가 개정 교육과정에서 요구하는 중고등학생 대상 노동인권교육에 방향성을 둔다.

4) 과제 16: 인권·정의·평화

정부의 K-SDGs 16번은 평화롭고 포용적인 사회 증진, 모두에게 정의 보장, 모든 수준에서 효과적이고 책임감 있는 포용적인 제도를 구축하기 위해 수립한 목표이다.

본 매뉴얼에서는 3대 폭력인 학교폭력, 가정폭력, 성폭력 중에서, 15가지 유형의 학교폭력, 4가지 형태의 아동학대, 그리고 데이트폭력, 디지털폭력 등을 예방하기 위한 인권교육에 방향성을 둔다.

나. 지구촌의 세계시민으로서 갖추어야 할 핵심역량 선정

1) 유네스코 2014년 보고서와 학계에서 공통적으로 강조한 세계시민의 핵심역량 (2015. 한경구 외 3)

- 다중적 정체성에 대한 이해와 개인의 인종·문화·종교·계급 등의 차이점을 초월하는 공동의 '집단 정체성'에 기초한 태도
- 보편적인 핵심가치(예: 평화, 인권, 다양성, 정의, 민주주의, 차별 철폐, 관용) 및 글로벌 이슈와 경향에 대한 깊은 이해
- 비판적, 창의적, 혁신적 사고, 문제해결 및 의사결정에 필요한 인지적 기능들
- 감정이입, 상이한 관점에 대한 열린 태도
- 공감 또는 갈등 해결에 기여하는 사회적 기술과 의사소통능력, 그리고 다양한 언어문화적 관점을 가진 사람들과 소통하는 능력과 같은 비인지적 기능들
- 적극적인 행동과 실천에 참여하는 행동 능력

2) OECD는 2018년에 모든 학습자가 전인적인 인간으로 성장하고, 각자의 잠재력을 최대한 발휘하여 개인과 공동체, 지구의 안녕(well-belling)에 기초한 공동의 미래를 만들기 위한 노력을 하도록 하는 것이 교육이라고 강조하며 학생이 개발해야 할 변혁적인 역량(Transformative Competencies)을 3가지 제시하였다.

- 새로운 가치 창조(Creating New Value)
- 갈등과 딜레마 조정(Reconciling Tensions and Dilemmas)
- 책임감 갖기(Taking Responsibilities)

3) 2015 국가 개정 교육과정에서 제시한 핵심역량

- 자아정체성과 자신감을 가지고 자신의 삶과 진로에 필요한 기초 능력과 자질을 갖추어 자기주도적으로 살아갈 수 있는 자기관리 역량
- 문제를 합리적으로 해결하기 위하여 다양한 영역의 지식과 정보를 처리하고 활용할 수 있는 지식정보처리 역량
- 폭넓은 기초 지식을 바탕으로 다양한 전문 분야의 지식, 기술, 경험을 융합적으로 활용하여 새로운 것을 창출하는 창의적 사고 역량
- 인간에 대한 공감적 이해와 문화적 감수성을 바탕으로 삶의 의미와 가치를 발견하고 향유하는 심미적 감성 역량
- 다양한 상황에서 자신의 생각과 감정을 효과적으로 표현하고 다른 사람의 의견을 경청하며 존중하는 의사소통 역량
- 지역·국가·세계 공동체의 구성원에게 요구되는 가치와 태도를 가지고 공동체 발전에 적극적으로 참여하는 공동체 역량

다. UN의 인권교육 기본방향 반영

1) 2012 유엔인권교육훈련선언
(United Nations Declaration on Human Rights Education and Training)

제2조 2항 : 인권교육은 아래와 같은 사항을 포함해야 한다.

- 인권에 관한 교육(Education About Human Rights), 인권에 관한 지식 제공, 인권 기준 및 원칙의 이해, 인권 보호의 토대가 되는 가치관과 인권 보호 체계 등에 관한 사항
- 인권을 통한 교육(Education Through Human Rights), 인권교육은 교육자와 학습자 양자 모두의 권리를 존중할 수 있는 교수법이어야 하며 이런 방식의 교육과 학습 등에 관한 사항
- 인권을 위한 교육(Education for Human Rights), 사람들이 자신의 권리를 실천하고 향유하며, 타인의 권리도 존중하고 지지할 수 있도록 역량을 강화하는 것을 포함

2) 세계인권교육프로그램 행동계획(1차~4차 공통)

인권교육은 다음과 같은 지식의 공유, 기술의 전수, 태도의 형성을 통해 보편적인 인권문화를 구축하는 데 목적을 둔 교육, 훈련, 정보 전달로 정의된다.

- 인권과 기본적인 자유에 대한 존중을 강화하는 것
- 인격과 인간 존엄성을 완전히 발전시키는 것
- 모든 국민, 선주민(indigenous), 인종·국적·민족·종교·언어 집단 내에서 이해(understanding), 관용(tolerance), 성평등(gender equality), 우애(friendship)를 증진시키는 것
- 법에 의해 통치되는 자유롭고 민주적인 사회에 모든 사람이 효과적으로 참여할 수 있도록 하는 것
- 평화를 구축하고 유지하는 것
- 인간중심의 지속가능한 발전과 사회정의를 증진시키는 것

3 강의 주제와 운영

가. 강의 주제

강의 순서		주제	소주제
총론	1강	대한민국 교육의 현재와 미래	- 대한민국의 높은 국격 - 대한민국 교육의 명암 - 대한민국의 미래교육 방향
	2강	세계시민교육의 기본방향과 과제	- 민주시민교육의 현황 - 세계시민성의 이해 - 세계시민교육의 방향과 과제
각론	1강	아동학대·학교폭력 예방 및 근절 방안	- 아동학대와 학교폭력 유형 및 실태 - 학교폭력 근절 방안 - 인권교육의 방향과 과제
	2강	성차별·성폭력 없는 평등사회 구현 방안	- 성차별과 성역할 고정관념 - 성폭력의 유형과 실태 및 대처 - 성평등교육의 방향과 과제
	3강	다인종·다문화사회에서의 상호문화교육 방안	- 다문화사회의 역사 - 다문화사회의 차별과 편견 - 상호문화교육의 방향과 과제
	4강	노동인권이 존중받는 시민사회 만들기	- 노동운동과 노동관계법 이해 - 청소년 노동인권 침해 실태 - 노동인권교육의 방향과 과제

나. 강의 운영

총 6회의 강의는 1회당 3시간으로 정하고, 강의를 3개 영역으로 구분하여 시행하되, 1영역은 서론 부분으로 국내 상황과 정책, 법과 제도에 관한 설명으로 진행하며, 2영역은 다양한 실태와 문제점들을 공유하며, 3영역은 본론 부분으로 지속가능하고 효과적인 교육 방향과 구체적인 과제와 방법을 논의한다. 강사에 따라 1영역과 2영역의 순서는 바꾸어도 좋다고 생각한다.

매 강의마다 3개 영역을 마친 후에 원탁토론, 분임토의 및 분임발표를 하도록 하여 참가자들의 참여도와 만족도를 높이도록 한다.

4 강의별 내용 구성

강의별 강의 내용은 매뉴얼을 사용하는 교육자들이 3시간인 짧은 시간에 활용할 수 있는 참고자료들이어서 다양한 교육행정가나 교육학자들의 폭넓은 견해를 소개하기에는 어려움이 있었으나 교육 대상자들이 필수적으로 숙지해야 할 내용을 최대한 정선하였다.

각 강의별 Slide 내용에는 다음과 같이 공통적으로 6개의 핵심 내용을 담았다.

순서	핵심 내용	비고
1	교육 실태 및 문제점	교육기관의 교육 실태 관련 데이터, 언론보도자료 및 Youtube 등 활용
2	정부 및 교육청의 정책 및 제도	UN, UNHRC, UN-Women, UNESCO, Oxfam 등 국제인권기구, 교육부를 비롯한 정부 부처 및 17개 시도교육청의 주요 정책자료
3	국내외 법적 근거	강의 관련 헌법, 법률, 국제법, 조례 안내
4	교육의 방향성, 방법과 전략	작금의 교육 실태 및 문제점 제시 미래교육의 방향성과 과제 및 전략 교육과정과 수업 및 평가 방법 제안
5	참고자료	국가인권위원회 및 인권단체 자료 블로그 〈교육내시경〉 및 유튜브 참고 문헌, 용어 해설, 칼럼 및 Tip 사용
6	주제 토론	원탁토론 및 분임토론(판례 및 결정례 참조) 정책 제안 목록 작성

5 강의별 내용 전개

강의는 매회 강사의 강의와 토론시간을 고려하여 3시간으로 편성한다. 교육기관, 단체, 기업에서는 강의 대상과 여건에 따라 2시간으로 줄여서 내용을 재구성하여 사용할 수 있도록 하였다.

단계	교수·학습 활동		시간	자료
도입	동영상 시청 (수업과 관련한 사건·사고 뉴스, 기관 제작 영상 등)		10분	동영상
	참여자 개인별 소감 언급(아이스브레이킹, 문제의식 공유)		10분	
전개	영역1	현재 상황 논의: 주제 관련 실태 및 문제점	30분	Slide 블로그 유튜브
	영역2	정부 부처와 시도교육청의 정책과 제도, 세부실천계획	30분	
	휴식	10분		
	영역3	구체적인 교육 방안 및 전략 논의	30분	
정리	학습자 토론		30분	전지 포스잇
	분임별 발표 및 질의·응답 (필요시에 정책 제안 목록 작성)		20분	
	총괄평가		10분	

도입, 전개, 정리의 3단계와 전개 부분의 영역 1~3은 강의 주제, 참여자 유형, 시간 배분에 따라서 강사님 나름대로 시간편집을 할 필요가 있다. 가급적 정리 단계에서 학습자 토론과 발표 시간을 많이 갖는 것이 강의 효과와 만족도를 높일 수 있다.

6 Slide 설명

강사님들의 손쉬운 수업자료 제작을 위하여 slide 단위로 강의할 주요 내용을 스토리텔링 방식으로 상세히 시나리오를 제시하였다.

먼저 강의할 주요 내용을 slide에 간략히 제시하였고, 이어서 slide 아래에 본문 내용을 좀 더 구체적으로 상세히 설명하였으며, slide와 시나리오의 뒷부분에서 개념 설명이 필요한 단어에 대한 용어 정의를 하였다.

예시

slide 본문	**재외동포 732만명 176개국 거주** - 재외동포 재외국민(외국 영주권자와 유학생 등 해외체류자)+외국국적동포(시민권자) - 재외동포는 중국, 미국, 일본에 79% 정도 거주(2020.12.외교부 재외동포과) 중국 235만 명, 미국 263만 명, 일본 81만 명, 독립국가연합(CIS)* 49만 명, 유럽 67만 명, 캐나다 23만 명
slide 내용 설명	- 재외동포는 재외국민과 외국국적 동포를 포함한 용어이다. 법적인 용어이니 개념을 잘 알고 있어야 한다. - 국외에 살고 있는 재외동포는 대략 732만 명이고, 국내의 이주배경인구*는 222만 명이 조금 넘는다. - 참고로 재외동포는 중국, 미국, 일본에만 79% 정도 거주하고 있다. - OECD에서는 이주배경인구*가 총인구 대비 5% 이상이면 다인종·다문화국가*로 규정한다. 우리나라도 곧 다인종·다문화국가로 지정받게 될 것이다.
용어 설명	* 독립국가연합(CIS) 거주 고려인(일명, 카레이스키)은 스탈린 시절에 러시아 연해주 지역에 살다가 일본군으로부터 중앙아시아로 쫓겨난 이주민이다. * 이주배경인구는 국내체류외국인과는 다른 개념으로 3개월 이상 국내체류 외국인, 귀화인, 이민 2세를 합산한 인구이다.

II 총론

CHAPTER

Ⅱ 총론

1 대한민국 교육의 현재와 미래

학습 목표	공교육기관인 초중고등학교의 교원이나 학교 밖의 교육활동가들이 세계시민성과 인권감수성 향상을 위한 교육을 하려면, 대한민국의 교육 현실과 문제점을 잘 알고 지속가능발전교육의 방향성을 지향해야 한다. 이에 강사들이 교육의 근본적인 문제점을 공유하고 당면과제를 상상하고 성찰하도록 거시적 관점에서 대한민국 교육을 조망하고 문제의식을 갖도록 한다.
학습 내용	- 대한민국의 높은 국제적 위상 - 대한민국 교육의 근본적인 문제점 성찰 - 지속가능한 미래교육의 방향성 모색
학습 방법	질의·응답식 강의, 동영상 시청 및 소감 발표, 분임토론 및 원탁토론

단계	교수·학습 활동		시간	자료
도입	사건·사고 뉴스 및 기관 제작 영상 등 제공		10분	동영상
	참석자 개인별 소감 언급		10분	
전개	영역1	대한민국의 높은 국가경쟁력	30분	Slide 블로그 유튜브
	영역2	대한민국 교육의 현주소 공교육기관인 학교 들여다보기	30분	
	휴식	10분		
	영역3	지속가능한 미래교육의 방향성 고찰	30분	
정리	토론 주제 : 지속가능발전교육으로서의 미래교육이란 무엇인가?		30분	전지 포스트잇
	분임별 발표 및 질의·응답		20분	
	정책 제안		10분	

도입 20분

slide 1

그린 스마트 미래학교

Youtube에서 Keyword '그린 스마트 미래학교'를 검색하고 해당 동영상 시청

https://youtu.be/5mu6HAFrr9w

교육부에서 〈그린 스마트 미래학교〉 정책을 발표하였습니다.
여러분, 미래학교는 어떤 모습의 학교이어야 한다고 생각하십니까?
한 분씩 이야기해 봅시다.

- 2020년 7월에 교육부에서 발표한 〈그린 스마트 미래학교〉 정책은 크게 4가지로 요약할 수 있다.

1. 저탄소 제로에너지를 지향하는 그린학교
2. 미래형 교수·학습이 가능한 첨단 ICT 기반 스마트교실
3. 학생 중심의 사용자 참여 설계를 통한 공간혁신
4. 지역 사회를 연결하는 생활SOC* 학교시설 복합화

- 알기 쉽게 설명하면, 그린은 eco-system, 스마트는 edu-tech-system을 의미한다. 그린은 생태전환교육을, 스마트는 디지털전환교육을 하자는 것이다. 급변하는 시대적 상황에 조응하는 변혁적인 교육을 하기 위해서는 생태전환교육과 디지털전환교육이 절대적으로 필요하며, 그러한 교육을 구현하기 위해서는 지금까지의 학교 공간을 새롭게 혁신하자는 것이다. 공간혁신이 이루어지면 생태시민과 디지털시민을 육성하는 마을교육과정을 운영해야 하며 결국 학교는 다양한 교육공간으로서의 생활SOC 기능을 갖게 된다.

> **생활SOC(Social Overhead Capital)란?**
> 사람들의 일상생활에 필요한 필수 인프라로 국민 생활 편익 증진 시설 및 삶의 기본전제가 되는 안전시설 등을 말함

- 이 4가지 사업에 대하여 참여자들은 어떤 의견을 갖고 있는지 돌아가며 이야기하는 시간을 갖는다.

영역 1 30분

slide 2

대한민국의 높은 국가경쟁력 1

○ 2010년부터 **공적개발원조국**
- **2018년** ODA(Official Development Assistance) 3조 시대(외교부 개발협력국 주관)

○ 2010년 11월 **G20 세계금융정상회담개최 (의장국)**
- 세계 교역량의 80%, 전 세계 국내총생산(GDP)의 85%를 차지한 선진국 모임

○ 2012년 **20-50 클럽* 세계 7번째 가입**
- 2019년 30-50 클럽 국가. IT, 자동차, 조선 강국, 세계 8번째 수출 5천 달러 달성

○ **아시아 최초의 난민 인정국**(2013.7. 난민법 시행)
- 2020년 5월, 난민 신청 69,357명, 난민 인정 1,053명(**인정율 3.5%**), 인도적 체류허가 2,303명
- 2021년 8월 27일 아프가니스탄 특별기여자* 390명 입국(충북 진천)

○ 2021년 **유엔무역개발회의(UNCTAD)에서 선진국 인정**
- 전 세계 195개국 중 선진국(32개국) 대열에 들어감. 2020년 경제순위는 세계 10위

- 대한민국은 사실상 2010년부터 전 세계 195개국 유엔 등록 국가 중에서 국가경쟁력이 높은 선진국으로 부상하였다. 데이터로 설명하고자 한다.
- 우리나라는 2010년부터 지원을 받던 나라에서 개발도상국을 지원하는 국가가 되었다. 명실공히 자랑스러운 ODA 국가가 된 것이다. 2018년에는 공적개발기금이 3조 원이 넘었다.
- 2010년 11월에는 〈G20 Seoul Summit 2010〉 세계금융정상회담을 대한민국이 의장국 자격으로 서울 코엑스에서 개최하였다. 이 회담은 세계 교역량의 80% 이상을 석권하고 있는 국가들의 정상회담으로 대한민국의 위상을 알리는 계기가 되었다.
- 2012년에는 조선일보에서 선진국의 기준으로 제시한 〈20-50 클럽〉에 7번째로 가입한 국가가 되었다.
- 2013년 7월에 대한민국은 아시아 최초로 난민법을 발표하였다. 합법적으로 난민을 받아들이는 국가가 되어 2020년에는 예멘에서 300여 명이 제주도로 입국하여 난민 신청을 하였다. 2020년 5월 현재 난민 인정은 1,053명으로 인정률은 3.5%이다. 2021년에는 아프가니스탄으로부터 특별기여자의 신분으로 390명이 입국하였다.

- 2021년에는 대한민국이 유엔무역개발회의에서 선진국으로 공식 인정을 받게 되었다. 유엔무역개발회의 발표에 따르면, 2020년에 대한민국의 경제순위는 세계 10위이다.
- 이와 같이 대한민국은 비록 분단국이지만 높은 국가경쟁력을 갖고 있다. 스포츠, 문화예술 및 교육 부문에서도 국격은 대단히 높다고 할 수 있다.

20-50 클럽이란?

2012년 조선일보에서 처음 경제 규모 및 선진국의 기준으로 제시한 신조어. 20은 1인당 국민소득이 2만 달러 이상, 50은 인구가 5천만 이상이라는 의미를 갖고 있음. 현재 총 7개국으로 우리나라가 7번째임

2019년에는 1인당 국민소득(GNI)이 3만 3천(30 Thousand) 달러 이상이며, 인구 5,100만(50 Million)명 이상으로 30-50 클럽이라고 함

아프가니스탄 특별기여자란?

대한민국은 난민을 받아들이는 국가이지만, 아프가니스탄의 경우는 난민으로 인정하기 어려워서 특별기여자란 이름으로 체류허가를 하였음. 현재 법적 근거를 만들기 위해 출입국관리법을 개정하고 있음

slide 3

대한민국의 높은 국가경쟁력 2

○ 2018년 평창 동계올림픽(남북공동 입장, 종합 6위)
- 1988년 서울 하계올림픽(종합 4위), 2002년 월드컵(4강)

○ K-Pop, 드라마, 영화 등 한류 열풍
- BTS 빌보드 싱글차트(핫100) 1위, fandom army의 BLM(Black Lives Matter) 지원
- 대장금, 허준 등 드라마 및 기생충, 오징어게임, 미나리 등 영화

○ OECD 최고의 대학진학률 72.5%(2020. KEDI 교육통계서비스)
- 대학진학률은 일본 54.7%, 유럽 평균 40% 이내

○ 우수한 PISA 평가* 결과
- 2018년 OECD 37개국 중에서 읽기 2~7위, 수학 1~4위, 과학 3~5위

◎ 대한민국은 올림픽을 두 번이나 개최한 나라이다. 1988년 서울 하계올림픽을 개최한 이후 30년만에 2018년 평창 동계올림픽을 남북 공동으로 개최하였다.

◎ 그리고 K-Pop, 드라마와 영화 부문에서도 한류 열풍을 일으키면서 세계적으로 국격이 높아졌다. 특히, 아이돌 BTS는 빌보드 싱글차트 1위를 유지하면서 팬그룹인 **fandom army를 통해** 흑인민권운동(BLM)을 지지하면서 국제적인 위상을 드높이고 있다.

◎ 드라마 대장금과 허준, 영화 기생충, 오징어게임, 미나리도 대한민국의 위상을 높이는 데 일조하였다.

◎ 교육 분야에서는 OECD 국가 중에서 최고의 대학진학율(72.5%)을 보이면서 고등교육을 가장 많이 받는 국가로 알려지게 되었고, OECD에서 주관하여 3년마다 시행하는 국제학업성취도 평가에서 세계 최고 수준을 보이면서 교육을 잘하는 국가로 인정받고 있다.

◎ **PISA 평가란?**

PISA(Program for International Student Assessment) 평가는 국제학생학업성취도평가라고 하는데, OECD에서 만 15세 학생을 대상으로 3년마다 읽기, 수학, 과학, 협업능력을 평가함

영역 2 30분

slide 4

대한민국 교육의 현주소 1

○ OECD 국가에서 청소년 주관적 행복지수(88.51점) 최하위
(2019. 한국방정환재단 및 연세대 사회발전연구소)
- 주관적 건강, 학교생활 만족도, 일상생활 만족도, 소속감, 어울림(적응력), 외로움

○ OECD 국가에서 자살률 18년 동안 1위(2019. 통계청)
- 대한민국이 2020년 자살률은 10만 명당 24.6명(OECD 평균 11.3명)
- 국내 청소년 자살률은 10만 명당 5.9명으로 매년 증가 추세

○ 1인 또는 2인 가구* 61.6%(2020. 행안부)
- 총 2,279세대 중에서 1인 가구 38.5%, 2인 가구 23.1%
- 합계출산율*은 0.92명으로 OECD 최하위(2019. 통계청, 인구동향 조사)

- 지금까지 대한민국의 높은 국가경쟁력을 여러 가지 데이터로 살펴보았다. 이렇게 선진국의 위상을 갖고 있음에도 불구하고 교육분야를 들여다보면 부끄러운 어두운 그림자가 드리워져 있다.

- 크게 2가지를 언급하면, 하나는 OECD 국가에서 청소년 주관적 행복지수는 88.51로 최하위라는 것이다. 청소년의 행복지수는 주관적 건강, 학교생활 만족도, 일상생활 만족도, 소속감, 어울림(적응력), 외로움 6가지로 측정한다. 다른 하나는 대한민국의 자살률은 10만 명당 24.6명으로 OECD 평균 11.3명보다도 2배 이상이 높다는 것이다. 청소년과 노인 자살률이 매우 높아서 전체적으로 평균 자살률은 높다. 국내 청소년 자살률은 10만 명당 5.9명으로 매년 증가하고 있다.

- 1인 또는 2인 가족이 무려 61.6%라는 점도 대한민국이 안고 있는 최대의 교육문제이다. 가정교육이 뒷받침이 되지 않는 학교교육은 반쪽짜리 교육인 것이다.

1인 또는 2인 가구

과거에는 핵가족(nuclear family)이란 용어를 많이 사용했는데, 지금은 사라졌다. 핵가족은 1인 가장이 2명 이상의 식솔과 함께 사는 가족 형태라고 하는데, 이제는 비혼, 이혼, 별거 등 삶의 방식이 바뀌면서 1인 또는 2인 가족 형태가 61.6%나 된다.

합계출산율이란?

합계출산율(Total Fertility Rate)은 가임 여성(15~49세) 한 명이 평생 동안에 낳을 것으로 예상되는 평균 출생아 수를 나타낸 지표로 연령별 출산율의 총합이다.

통계청이 발표한 '2020년 출생통계'(확정치)를 보면, 지난해 출생아 수는 27만 2,300명으로 1년 전보다 3만 300명(10%) 줄었다. 여성 1명이 평생 낳을 것으로 예상되는 평균 출생아 수를 뜻하는 합계출산율은 0.84명으로 2019년 0.92명과 견주어 0.08명 줄었다. 2018년 처음으로 합계출산율 0.98명으로 1명 아래로 떨어진 뒤 쭉 내리막길이다.

세계적으로도 한국의 합계출산율은 가장 낮은 축에 속한다. 2019년 기준 경제협력개발기구(OECD) 회원국 38개국 가운데 한국이 유일한 0명대 합계출산율을 보였다. 출산 여성의 첫째아 출산연령도 한국은 32.2살(2019년 기준)로 회원국 가운데 가장 높았다.

출처: 통계청, 〈2020년 출생통계〉

slide 5

대한민국 교육의 현주소 2

○ 초중고학생 사교육비 약 21조 원 (2019. 교육부)
- 2018년은 19조 5천억 원
(2020년과 2021년은 코로나19 상황에서 각각 6개월과 3개월 통계로 신뢰도 부족)

○ 전국의 학교 밖 청소년* 약 40만 명 (2021. 3. 2. 여성신문)
- 2020년 한 해에 학업중단 청소년 5만 2,261명
- 장기무단결석 학생 등을 포함한 잠재적 학교 밖 청소년 증가

○ #School_MeToo, Feminism 등 학생 인권 운동 확산
- 전국에 100개 이상의 학교에서 스쿨미투 사이트 운영 (2020. 3. 20. 한겨레신문)

○ 학생의 정치활동 및 플랫폼노동자* 증가
- 2020년 1월 공직선거법 개정, 만 18세 선거권 부여
- 중학생의 6%, 고등학생의 25.1% 알바 경험 있음(2018. 서울시교육청)

- 코로나19 팬데믹 이전인 2019년 초중고등학교의 연간 사교육비는 대략 21조 원이다. 방과후학교 교육비와 EBS 교재비 등을 포함하면, 21조 원을 훨씬 넘는 사교육비를 지출한 것으로 추정한다. 대한민국의 학생들이 학교와 학원, 과외, 온라인 학습으로 파김치가 되어있다. 학생들의 건강권과 휴식권을 보장해 주어야 하는 정책이 절실한 상황이다.

- 전국적으로 학교 밖 청소년이 대략 40만 명이라는 숫자는 절대로 간과해서는 안 되는 수치이다. 학교에 재적하고 있으면서 장기무단결석을 하는 잠재적 학교 밖 청소년을 합치면 그 숫자는 어마어마하다. 학교도 안 가고 집에도 안 들어가는 학생들이 이렇게 많다는 것은 헌법과 법률에 의거 공교육을 책임져야 할 대한민국 정부에 일차적인 문제가 있다고 생각한다.

- 독일이나 영국 등 선진국에는 학교 밖 청소년이 거의 없다. 특히 독일의 청소년청(Jugend Armt)은 가정의 보호자로부터 돌봄을 받지 못하고, 학교 부적응으로 등교하지 않는 학생을 대상으로 일정 기간 숙식을 제공하면서 자생의 길을 열어주는 돌봄교육을 한다. 우리나라도 학교 밖 청소년 문제를 정부에서 책임지고 철저히 해결하는 정책적인 노력을 해야 한다.

- 지금 학교의 분위기는 예전과 다르다. JTBC에서 서지현 검사가 용감하게 성추행을 고백한 #MeToo는 정치계, 예술계, 종교계, 교육계로 확산되면서 이제 #Schoo_MeToo 사이트를 운영하는 학교가 100개가 넘는다고 한다.
- 또한, 선거법이 개정되어 고3에 해당하는 만 18세 학생들이 정당에 가입할 수 있고 공직선거법에 위배되지 않는 범위에서 정치적 활동도 할 수 있다. 그리고 예전과는 달리 일하면서 공부하는 학생들이 무척 많다. 서울의 고등학생의 경우 25% 정도가 알바 경험을 갖고 있다. 사회생활을 병행하면서 공부를 하는 상황인 것이다.
- 우리 교육자들은 성차별, 성폭력 없는 학교문화를 만들기 위하여 성평등교육을 충실히 해야 하며, 학생들이 공직선거법에 위배되지 않고 정치활동을 하도록 정치교육도 해야 하고, 노동 현장에서 부당노동행위나 노동인권침해를 당하지 않도록 노동교육도 본격적으로 해야 할 상황에 직면하였다.

◎ 학교 밖 청소년이란?

- 학교 밖 청소년 지원에 관한 법률 제2조(정의)

“학교 밖 청소년”이란 다음 각 목의 어느 하나에 해당하는 청소년을 말한다.

가. 「초 · 중등교육법」 제2조의 초등학교 · 중학교 또는 이와 동일한 과정을 교육하는 학교에 입학한 후 3개월 이상 결석하거나 같은 법 제14조제1항에 따라 취학의무를 유예한 청소년

나. 「초 · 중등교육법」 제2조의 고등학교 또는 이와 동일한 과정을 교육하는 학교에서 같은 법 제18조에 따른 제적 · 퇴학처분을 받거나 자퇴한 청소년

다. 「초 · 중등교육법」 제2조의 고등학교 또는 이와 동일한 과정을 교육하는 학교에 진학하지 아니한 청소년

◎ 플랫폼 노동자란?

플랫폼 노동자란 웹사이트나 스마트폰 애플리케이션(앱) 등 온라인플랫폼을 이용해서 일하는 사람. 예를 들어 배달의민족, 요기요, 쿠팡이츠 같은 디지털플랫폼 기반 노동자

| 역대 정부의 주요 교육정책 |

❶ 김영삼 정부(문민 정부 1993~1998)

- 5·31 교육개혁인 '신교육체제 수립을 위한 교육개혁 방안' 발표
- 초중고에 법정기구인 학교운영위원회 설치
- 학교평가 시행

❷ 김대중 정부(국민의 정부 1998~2003)

- 전국교직원노동조합 합법화
- 교원 정년을 62세로 단축
- 중학교 의무교육 확대

❸ 노무현 정부(참여 정부 2003~2008)

- 만 5세 아동 무상교육
- 공교육 정상화: 수준별 이동수업 및 방과후학교 운영
- 3불 정책 추진: 본고사, 기여입학, 고교등급제 폐지
- 사교육 경감 대책 발표(EBSi 온라인교육 제공)

❹ 이명박 정부(2008~2013)

- 고교 다양화 300 프로젝트 발표
  (기숙형 공립고 150교, 마이스터교 50교, 자율형사립고 100교)
- 학업성취도 평가(일제고사) 및 교원 평가 시행
- 영어 공교육 완성 프로젝트 추진
- 주 5일 수업제 전면 시행

❺ 박근혜 정부(2013~2017)

- '학교폭력 근절 종합대책' 발표
- 고등학교 의무(무상)교육 단계적 실시
- 중학교 자유학기제 시행, 모든 중고교에 진로진학교사 배치
- 선행학습 금지법 시행

❻ 문재인 정부(2017~2022)

- 학교폭력 예방 및 대책에 관한 법률 개정
- 자사고 및 특목고 폐지를 위한 법 제정
- 고교학점제 2025년 전면 추진 발표

slide 6

공교육기관인 학교 들여다보기 1 (생활교육)

- 학생 출결관리는 철저한가?
  (참고) 학업성적관리 지침에 근거한 미인정 지각/결과/조퇴 검토
- 학생의 화장, 두발 등 용의복장 지도는 어떻게 하고 있는가?
  (참고) 공론화를 통한 학교생활규정 제·개정
- 학교폭력예방시스템 구축 및 고위험군 학생관리는 철저한가?
  (참고) 학교상담 활성화 및 관계회복 충실, AMPQⅢ 결과의 효과적 조치
- 상벌점제도의 문제점은 개선하였는가?
  (참고) 문제행동 유발의 원인 파악 및 유형별 전문적 지도
- 학교폭력전담기구는 제 역할은 충실히 하는가?
  (참고) 학교폭력 예방 및 대책에 관한 법률 제14조 이행

◎ 미래교육의 방향성과 과제는 현재의 교육 모습, 다름 아닌 학교의 교육 현실을 진단하지 않고는 논할 수 없다. 세계시민교육과 인권교육을 담당하시는 강사님들은 대한민국의 학교 교육을 정확히 들여다보고 문제점은 무엇인지 디테일한 관점을 갖는 것이 중요하다. 질문 형식으로 제시된 〈공교육기관인 학교 들여다보기〉 1~4를 참고하시기 바란다.

◎ 학교에서 준수해야 하는 학업성적관리 지침에는 등교 시간 이후에 학교에 오는 것은 미인정 지각이다, 수업 지각은 존재하지 않는다. 그러니 학생이 수업시간마다 지각을 하여도 벌점이나 훈육으로 처리할 수밖에 없다. 그리고 미인정 결과나 조퇴는 1회만 적용한다. 매시간 무단 결과를 하여도 학생부에는 1회로 기록한다. 그리고 학교에 잠시 왔다 가거나 담임교사 얼굴만 보고 가면 결석 처리를 하지 않는다. 이와 같은 허술한 출결관리는 학생들에게 공동체 생활에서 반드시 준수해야 할 시간관념을 체질화하기는 어렵다.

◎ 문제행동을 하는 학생에게 벌점을 주는 상벌점제도는 학생들에게 법질서의식이나 공동체 의식을 심어주는 데에 한계가 있다. 일정 기간 벌점이 누적된 학생들을 일괄로 지도하는 비교육적인 관행은 현직 교사들도 실효성 없는 훈육시스템이라고 지적한다. 근본적인 대책이 필요한 상황이다.

slide 7

공교육기관인 학교 들여다보기 2 (학생자치)

- 학급회의는 내실 있게 운영되는가?
  (참고) 학급회의를 전혀 하지 않는 초중고는 전체 학교의 41%(2012 교육부)
- 학교운영위원회 회의에 학생회 임원이 참석하는가?
  (참고) 초중등교육법시행령 제59조, 학교운영위원회 구성 및 운영 조례
- 학교장을 비롯한 교직원이 학생회 임원과 정기적으로 간담회를 하는가?
  (참고) 학생회는 12번째 부서라는 인식이 필요함
- 상설동아리 운영규칙은 있는가?
  (참고) 안전사고, 인권침해 및 학교폭력 사전 예방
- 체험학습 및 테마형 교육여행은 교육적으로 효과가 있는가?
  (참고) 인솔형, 감시형 교육여행
- 학생생활규정 제·개정을 위한 공론화 과정 및 공청회를 하였는가?
  (참고) 학급헌장, 생활공동체 규약 등

◎ 2012년 교육부 통계에 의하면, 대한민국의 초중고등학교는 학급회의를 하지 않는 비율이 41%나 된다. 학생자치의 핵심은 학급회의라 할 수 있는데 놀라운 실태이다. 지금도 진학과 입시 위주의 교육을 하는 상황이어서 10년 전과 크게 다르지 않다고 생각한다. 학교의 학급회의를 활성화하는 정책이 절실한 상황이다.

◎ 학생회를 학교 교무조직의 하나로 승격할 필요가 있다. 학생 중심 교육과정 운영은 수업뿐만 아니라 학교의 모든 수업 외 활동에서도 구현되어야 한다. 학생들이 주도적으로 학교 발전에 동참하도록 학생회 운영 예산 편성, 학생회실 설치, 각종 행사의 학생회 기획, 학교중장기발전위원회 및 학교운영위원회 참여 등의 지원을 구체화해야 한다.

◎ 상설동아리 역시 학생자치 활동의 꽃이다. 학생들이 희망과 적성을 고려하여 참여하는 상설동아리는 사회생활을 미리 경험하는 모임이어서 아주 중요한 자치활동이다. 동아리 운영 활성화를 위해서는 동아리 운영규칙을 제정할 필요가 있다.

slide 8

공교육기관인 학교 들여다보기 3 (교직원 회의문화)

- 교직원회의는 토론방식으로 운영되는가?
  (참고) 전달식 회의 지양. 교직원인 일반직과 교육공무직원도 동참 지향
- 부장회의 및 학년회의는 활성화되어 있는가?
  (참고) 소집단 원탁토론 회의문화 정착
- 교원 학습공동체는 다양하게 운영되고 있는가?
  (참고) 토론(프로젝트) 수업, 현안 해결 등을 위한 다양한 교사연구회 운영
- 교직원 연수는 메신저로 대신하는가?
  (참고) 학교장 주관 질의응답식, 온오프라인 토론식 교직원 연수 지향
- 현장체험학습 및 소규모 테마형 교육여행은 교육적으로 효과적인가?
  (참고) 인솔형, 감시형 교육여행
- 초임교사 및 저경력교사 대상 전문성 신장 프로그램은 있는가?
  (참고) Professional Development Program 운영, 동료장학 활동 활성화

◎ 소통과 공감의 어울림 공동체는 공교육기관인 학교에서부터 시작되어야 한다. 전달식 교직원회의와 주입식 수업이 지속된다면 세계시민을 육성하는 인간교육은 엄감생심이다. 학교에 토론문화를 조성하는 일을 선생님들이 먼저 시작해야 한다. 전달식 교직원회의는 조속히 토론이 있는 교직원회의로 전환되어야 한다.

◎ 교육의 질을 높이기 위해서는 다양한 교원학습공동체가 운영되어야 한다. 폭력 없는 학교 만들기, 학습지원대상 학생 책임지도, 학생자치활동 활성화, 마을교육과정운영 등 중차대한 과제를 기획하고 수행하기 위해서는 교사들의 개별적인 자기중심적 연구를 지양하고 연구모임인 학습공동체(연구회)를 구성하여 액션러닝(Action Learning)과 같은 심층연구를 해야만 한다.

◎ 교육 선진국에는 학교마다 초임교사 및 저경력교사를 위한 전문성 신장 프로그램을 운영한다. 대한민국은 그러한 시스템이 없어서 초임교사는 혼자서 전문적 역량을 터득해야만 한다. 정부에서는 초임교사, 기간제교사, (마을)강사 등의 교육전문성을 높일 수 있도록 필요한 매뉴얼을 학교에 공급하여야 한다.

slide 9

공교육기관인 학교 들여다보기 4 (가정과 지역 사회 연계)

- 문제행동학생의 부모상담 및 가정방문은 효과적으로 이루어지는가?
  (참고) 가정방문은 아동보호법 및 교육부 지침에 근거하여 시행
- 교직원과 학부모회 임원 간의 공식적인 소통채널은 있는가?
  (참고) 학교중장기발전위원회 등 상설 간담회 운영이 필요함
- 학부모의 교육활동 참여는 활성화되어 있는가?
  (참고) 서울시교육청의 '학부모회 구성 및 운영에 관한 조례' 참조(2016.1.1. 시행)
- 교육 3주체가 동참하는 토론회 또는 간담회는 상설로 운영되는가?
  (참고) PTA, 서울시성동광진교육지원청 관내 학교의 SPTA
- 학교는 NGO 및 교육 유관기관의 지원을 적극적으로 유도하는가?
  (참고) 혁신교육지구사업 참조(민관학거버넌스 구축, 마을결합형학교 지향)

◎ 장기 결석이나 학교부적응을 보이는 문제행동학생의 경우에는 교사와 보호자가 함께 문제해결에 나서야 하는데, 학교와 가정과의 연계협력은 미흡하다.

◎ 교사와 보호자 간의 공식적인 만남의 장을 만들어야 한다. 선진국의 Parents Evening Day에는 학생, 보호자, 상담교사가 함께 만나서 학생의 진로를 비롯한 다양한 주제로 대화와 상담을 한다. 대한민국의 학교는 그러한 3주체 만남의 장을 상설로 운영하여야 한다.

◎ 전국의 시도교육청은 학부모의 역량을 교육 자원화하기 위하여 학부모회 설치·운영 조례를 만들었다. 서울시교육청의 조례에 제시된 학부모회 주요활동을 안내한다.

◎ 제5조(기능) 학부모회는 학교교육발전을 위하여 다음 각호의 사항을 수행한다.

1. 학교 운영에 대한 의견제시 및 학교 교육 모니터링
2. 학교 교육 활동 참여·지원
3. 자녀교육 역량 강화를 위한 학부모교육
4. 지역 사회와 연계한 비영리 교육사업
5. 그 밖에 학교의 사업으로서 해당 학교 학부모회의 규정으로 정하는 사업

영역 3 30분

slide 10

대한민국 교육의 변화와 혁신을 논하다

○ 2014. 4. 16. 진도 앞바다에서 세월호 침몰 → 삶을 위한 교육(안전, 생명존중, 인권)
- 승객 304명 실종·사망(단원고 학생 250명, 교사 11명 포함)

○ 2015. 5. 인천 유네스코 세계교육포럼 개최 → 글로벌시민교육
- 195개 회원국이 모여서 Post-2015(2016~2030) 교육과제 논의
- 제70차 유엔총회에서 17개의 지속가능개발목표(SDGs*) 결정

○ 2016. 1. 다보스 세계경제포럼 및 2016. 3. 알파고와 이세돌 9단 바둑대결
→ 인공지능시대의 교육, 제4차 산업혁명시대의 직업세계와 미래교육 논의

○ 2020. 코로나19 팬데믹 → 지속가능한 미래교육으로의 교육패러다임 전환
- 2020. 7. 14. 〈한국판 뉴딜〉 정책 발표(2025년까지의 국가 대전환 혁신프로젝트)
  · 3대 사업: 디지털 뉴딜+그린 뉴딜+사회 안전망구축(뉴 노멀 시대)
- 교육부에서 〈그린 스마트 스쿨〉 정책 발표
- 17개 시도교육청마다 에듀테크 기반 미래교육, AI 융합교육 시행 중

◎ 대한민국의 교육행정가와 학교의 선생님들은 21세기를 선도하는 우리 2세들의 교육에 대하여 끊임없이 고민하고 있다. 특히, 교육과 관련한 국내외적인 행사와 사건이 발생할 때마다 다양한 포럼과 공청회를 개최하면서 미래교육을 논하였다.

◎ 미래교육이라는 거창한 이름으로 교육의 변화와 혁신을 상상하고 토론하였던 사건과 행사를 소개한다.

◎ 2014년 4월 16일 진도 앞바다에서 단원고 학생들이 승선하였던 세월호가 침몰하여 250명의 학생이 구원의 손길을 기다리다 안타깝게도 모두 사망한 사건이 발생하였다. 이 사건을 계기로 우리 교육계는 지식교육보다는 안전과 생명을 중시하는 삶을 위한 교육패러다임을 미래교육의 기본방향으로 생각하고 다양한 연구와 실천을 위한 노력을 하고 있다.

◎ 2015년과 2016년은 국제 행사가 개최되었고, '세계시민교육, 제4차 산업사회, 인공지능시대'라는 용어는 교육계를 비롯하여 정치, 경제, 사회, 문화 등 다양한 분야에서 논의의 핵심 주제가 되었다.

- 2015년 인천 송도에서 유네스코 세계교육포럼이 개최되었다. 195개 회원국은 향후 15년간 지구촌의 아이들에게 무엇을 어떻게 가르칠 것인가를 논의하였다. 그 후 제70차 유엔총회에서 17개의 지속가능발전 목표(SDGs)를 제시하였다.
- 2016년 1월에는 스위스의 다보스에서 세계경제포럼이 개최되었다. 이 국제포럼의 핵심 주제는 인공지능시대에서의 변화하는 직업세계이었다. 이 행사는 제4차 산업사회라는 용어와 함께 기존의 많은 직업이 사라지고 새로운 직종이 탄생하는 상황에 대한 문제의식과 이러한 트렌드에 조응하는 직업교육에 대한 인식을 공유하는 자리였다. 2달 후인 3월에 열린 빅데이터 알파고와 이세돌 9단의 바둑대회도 AI 인공지능시대의 교육은 어떤 방향성을 가져야 하는지 고민을 하게 만든 계기가 되었다.
- 2020년 1월부터 시작한 코로나19 감염병 확산은 3년째인 현재까지 지구촌을 불안과 공포의 도가니에 몰아넣고 있다. 비대면 사회로 인하여 교육계는 이미 미래적 상황에 직면하여 교육 패러다임을 완전히 바꾸는 작업을 하고 있다. 2020년 교육부에서 발표한 〈그린 스마트 스쿨〉 정책을 시작으로 17개 시도교육청에서는 세계시민교육, 생태전환교육, 디지털시민교육 등 다양한 교육정책을 현장에 구현하기 위한 노력을 하고 있다.

SDGs 17개 과제

2015년 제70차 유엔총회에서 만장일치로 '지속가능발전을 위한 2030의제'라는 이름으로 SDGs를 채택했다.

여기에는 2030년까지 세계가 함께 실천해야 할 17개 목표와 169개의 세부목표가 담겼고, 17개 목표들이 서로 연계하여 ▲빈곤 퇴치 ▲인권 보장 ▲성평등의 3개 최우선 목표로 일관되게 이어질 수 있도록 했다.

slide 11

지속가능한 미래교육의 방향성 고찰

○ 입시 위주의 한 줄 세우기 경쟁교육(고진감래형교육)을 행복교육으로 전환
- 대학수능제도 개선, 자유학년제 및 고교학점제 운영, 사교육비 안 드는 공교육 강화

○ 세계시민교육(인권교육, 다문화교육, 생명존중교육, 생태전환교육*) 충실
- 학교폭력, 데이트폭력, 성폭력, 사이버폭력 없는 인권이 꽃피는 평화학교 만들기
- 토론수업, 협력수업 강화로 창의·인성교육 구현

○ 엘리트교육을 Only One 교육으로 전환(교육 양극화 및 격차 해소)
- 한 학생도 낙오하지 않는 돌봄교육, 가정 밖·학교 밖 청소년 없는 국가책임교육

○ 학교 자치 및 지방교육 자치 활성화(교육의 공동체성 강화, 커뮤니티 학교)
- 학급회의, 학생회, 상설동아리 활성화 및 자치기구인 PTA 또는 SPTA* 조직·운영
- 학교 지원 거버넌스구축(교육청, 경찰청, 자치구청, NGO, 사회적협동조합 등)

◎ 미래교육에 대한 논의는 교육부와 시도교육청을 비롯하여 많은 교육 관련 기관과 단체에서 활발하게 진행되고 있다. 대학교수들도 개인적으로 공개 강의를 하면서 미래교육의 방향성을 제언하고 있다. 참고로 교육부, 국가교육회의, 교육정책네트워크에서 제시한 10대 미래교육 방향을 소개한다.

1. 포스트코로나 시기의 정책 지원 — 청소년의 정신건강 및 정서 변화 지원, 학교안전망 구축
2. 원격 수업 및 평가 혁신 — 디지털교육 환경에 따른 인프라 구축 및 수업역량 강화
3. 미래교육과정 수립 — 고교학점제 시행 및 진로직업교육정책 반영
4. 작은 학교 지원 방안 — 학령인구 감소에 다른 작은 학교 간의 공동교육과정 운영
5. 기초학력 및 교육격차 해소 — 공교육의 책무성 강화 및 학생 학습권 보장
6. AI 및 디지털교육 — 디지털시민성 교육 강화
7. 학교공간 혁신 — 그린 스마트 미래학교 구현
8. 가후생태교육 — 기후위기 대응교육 및 생태환경 교육 강화
9. 교육자치세계시민교육 — 미래형 교육자치 지원 및 지속가능발전교육 추진
10. 교원 양성 및 교사 전문성 제고 — 새로운 교원양성 체제 구축 및 교사 역량개발 지원

◎ 이 매뉴얼에서는 크게 4가지로 미래교육의 방향성을 제시하고자 한다.
첫 번째는 입시제도 개선과 학교교육과정의 변화이다. 현재의 한 줄 세우기 대학수학능력시험을 Pass-Fail 방식으로 전환하여 치열한 경쟁교육과 사교육을 유발하는 교육문화를 바꾸자는 것이다. 그리고 누구나 똑같이 배우는 붕어빵 교육과정을 개인의 진로를 지원하는 개별화 교육과정으로 전환하자는 것이다. 현재 진행형인 2025 고교학점제가 그러한 교육과정이다.

- 두 번째는 글로벌시민을 육성하는 세계시민교육을 제대로 하자는 것이다. 세계시민교육은 현재 정부의 교육정책으로 추진하는 인권교육, 다문화교육, 생태전환교육, 디지털시민교육을 포괄하는 교육으로, 유엔에서 발표한 지속가능발전 목표를 지향한 미래교육이다. 특히, 대한민국은 학교폭력, 성폭력, 가정폭력, 사이버폭력이 심각한 사회이어서 인권이 꽃 피는 시민사회를 만들기 위해서는 학생을 비롯한 시민 대상의 인권교육을 최우선교육 과제로 선정하고 실천해야 한다.
- 세 번째는 엘리트교육을 지양하고 한 학생도 낙오하지 않는 보편교육을 해야 한다. "인재 한 명이 수백만 명을 먹여 살린다"는 엘리트 양성 교육은 시대착오적 발상이다. 학교 밖 청소년이 40만 명이나 된다는 엄연한 사실을 간과해서는 안 된다. 교육격차와 사회양극화 현상은 국가의 미래를 어둡게 하며 엄청난 사회적 비용을 발생하게 한다. 가정 밖·학교 밖 청소년 문제의 해결은 복지국가를 지향하는 현 정부의 최우선 과제이다.
- 네 번째는 학교자치와 지방교육자치의 활성화이다. 학교는 교육 3주체가 만들어가는 학교경영을 해야 한다. 학생자치, 교직원자치, 학부모자치가 활발해야 PTA 또는 SPTA와 같은 교육 거번너스자치로 활성화될 수 있다.
- 다섯 번째는 모든 학교가 커뮤니티학교를 지향하고 마을교육과정을 운영해야 한다. 지속가능한 미래의 학교는 교사만이 교육을 담당하지 않고 마을의 교육전문가도 학교교육에 동참한다. 그리고 미래교육은 '삶을 위한 교육'이므로 교육의 장도 학교만이 아니라 학교 밖의 모든 시설과 사업장이 교육의 장이 되어야 한다. 따라서 학교는 마을교육과정을 운영하여야 하며 학교와 지역의 협업체제를 지속적으로 공고히 하여야 한다.

생태전환교육

생태전환교육은 기후위기 비상시대에 인간과 자연의 공존과 지속가능한 삶을 위해 개인의 생각과 행동양식뿐만 아니라, 조직 문화 및 교육시스템까지 총체적으로 전환을 추구하는 교육이다(서울시교육청) 현재 강조하는 생태교육은 과거의 환경교육과는 관점과 가치가 완전히 다르다. 기존의 환경교육은 인간을 중심에 두고 개발, 파괴, 오염 등 인간의 삶에 영향을 주는 생활 주변의 환경문제를 다루었다. 반면에 지금의 생태교육은 인간을 하나의 나약한 생명체이자 우주 생태계의 일원으로 보고 인간과 생태계의 공존과 상생의 지속가능성에 중점을 둔다. 부연하면, 환경교육은 오로지 인간중심 교육이라면 생태교육은 인간을 포함한 자연중심 교육이다.

SPTA

OECD 국가에서 학교 내에 구축한 PTA에 S가 붙은 약어
SPTA는 Student-Parents-Teacher-Association으로 서울특별시성동광진교육청에서 국내 최초로 관내 초중고등학교에 구축한 교육 3주체 협의체

slide 12

UNESCO, 2030년의 세계가 마주하게 될 도전

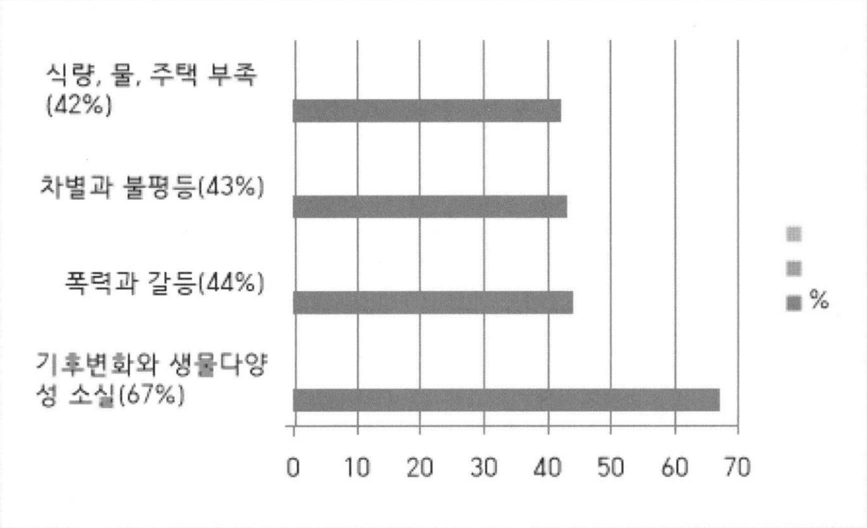

- 2020년 UNESCO(유엔교육과학문화기구)는 설문조사를 통해 2030년의 세계가 마주하게 될 가장 시급한 과제로 기후변화와 생물다양성 소실(67%), 폭력과 갈등(44%), 차별과 불평등(43%), 식량, 물, 주택 부족(42%) 등을 도출했으며, 이러한 문제를 해결하기 위해 교육 및 과학 분야의 국제협력과 인간과 자연의 관계 회복, 다양성에 대한 존중 등이 필요하다는 의견을 제시하였다.
- UNESCO에서 제시한 도전과제 중에서 폭력과 갈등, 차별과 불평등의 문제는 현재 대한민국이 직면한 당면과제이다. 따라서 본 매뉴얼에서는 차별과 폭력 없는 평화로운 시민사회를 만들기 위한 목적으로 세계시민성과 인권의식을 함양하는 교육의 방향과 과제를 집중적으로 다루고자 한다.

〈OECD 교육 2030〉에서 제시된 학생에게 필요한 3대 역량 (변혁적 역량: Transformative Competencies)

- 새로운 가치 창조하기(Creating New Value)
- 갈등과 딜레마 조정하기(Reconciling Tentions and Dilemmas)
- 책임감 갖기(Taking Responsibilities)

| 교육 희망은 학교자치 |

우리 교육자들은 학교자치를 논하기 전에, 자주 혼용해서 사용하는 교육자치와 학교자치에 대한 용어의 정의를 분명히 할 필요가 있다. 두 용어는 엄밀히 다른 개념이기 때문이다.

교육자치라는 용어는 1991년 〈지방교육자치에 관한 법률〉이 제정되면서 공식적으로 사용되었다. 2010년에 전국 17개 광역자치단체에서 주민직선으로 교육감을 동시에 선출하면서 교육자치는 제도적으로 가시화되었다.

학교자치는 법률적인 공식용어는 아니다. 교육자치가 공교육기관인 학교에서 이루어진다는 의미로 사용되고 있다. 학교자치라는 용어는 군사정부 이후에 탄생한 김영삼 문민정부(1993. 3~1998. 2)에서 발표한 1995년 5·31 교육개혁에서 학교자율경영을 강조하면서 법정기구인 학교운영위원회가 모든 초중고에 설치되면서 본격적으로 사용되기 시작했다.

교육자치는 헌법 제31조에 명시된 국민의 교육받을 권리를 국가 차원에서 이행하는 것으로 보아야 한다. 지방교육자치법에 의거 자치단체에서 학교를 행·재정적으로 지원하는 것도 그러한 맥락으로 이해하면 된다. 자치단체에서 학교에 많은 예산을 투입하는 사업 중의 하나는 혁신교육지구사업이다. 이러한 교육자치는 공교육인 학교를 지원하는 활동으로 교육자치의 본질은 학교자치라고 볼 수 있다.

그러면 학교자치의 필요성과 활성화 방안을 생각해 보자. 학교자치는 다름 아닌 학교 교육공동체의 자치이다. 학교는 교육 3주체인 학생, 학부모, 교직원이 자율과 자치, 참여와 연대의 가치를 존중하고 실천하는 작은 시민사회이다. 그래서 학교에는 학교운영위원회를 비롯하여 학생회, 교직원회, 학부모회, 학급회의, 교무회의, 학년회의, 교과협의회, 학생동아리, 배움의 공동체 등 크고 작은 위원회와 다양한 협의체가 운영되고 있다.

학교 현장은 코로나19 팬데믹으로 예측하지 못한 미래적 상황에 직면하고 있다. 지금이 미래인 것이다. 이런 상황에서 학생들에게 필요한 교육은 '삶을 위한 교육(Learning for Life)'이다. 공교육기관에서 생명존중교육, 생태전환교육, 세계시민교육, 디지털시민교육, 인권교육을 충실히 해야만 하는 시대적 상황이다. 이제 성적경쟁과 명문교 진학, 승진, 출세 등의 개인적 가치보다는 공존, 상생, 협력, 포용, 평등, 정의, 지속가능발전 등 공동체적 가치를 중시하고 실천하는 교육에 역점을 두어야 한다. 그러한 교육은 머리보다는 몸으로 배우는 학교자치 활성화를 통하여 가능하다.

지속가능한 미래학교의 모습은 열린학교 즉, 커뮤니티학교(community school)이다. 마을도 학교이니 학교는 마을교육과정을 운영해야 한다. 그리고 학교자치는 학교 교육공동체의 자치에만 머물러서는 안되고 학교 밖 지역공동체와의 거버넌스체제를 확립해야 한다. 마을의 인적·물적자원을 교육자원화하는 노력을 지속적으로 해야 한다는 뜻이다.

학교자치의 활성화를 위한 당면과제를 학교, 정부 및 교육청으로 구분하여 제안해 본다.

학교에서는 교육과정에서 학생 참여형 토론수업과 협력수업을 충실히 하고, 학생자치의 꽃인 학급회의와 동아리 활동을 내실있게 운영하도록 해야 한다. 그리고 학교의 교육 3주체라 할 수 있는 학생, 학부모, 교직원이 지혜를 모아 함께 만들어가는 학교 자율경영 체제를 지향해야 한다. 모든 학교에 SPTA(Student-Parents-Teacher Association)와 같은 자치기구를 반드시 조직해야 한다. 또한, 학교를 방과후학교 등 평생학습의 장으로 활용될 수 있도록 공간혁신도 단계적으로 추진해야 한다.

정부와 교육청에서는 학교자치를 효과적으로 지원하는 정책을 강구해야 한다. 무엇보다도 1년 내지 1년 6개월 임기의 임명직 교육장을 공모제로 전환하여 장기근무를 하도록 하고, 마찬가지로 교사의 전보 주기를 5년에서 7년 내지 8년으로 늘여 학교자치가 제대로 꽃 피울 수 있는 인적 관리 차원의 인사혁신을 단행해야 한다. 그리고 학교 내에 학교경영에 공식적으로 참여하는 교육 3주체 협의체(가칭 SPTA)가 상설 운영되도록 법제화하고, 학생회 임원이 학교운영위원회의 정식위원으로 위촉되도록 법을 개정해야 한다. 아울러 학생회를 학교 조직의 하나로 승격하는 것도 적극 검토할 필요가 있다.

교육부는 2022 개정 교육과정의 핵심인 자유학기제와 고교학점제가 새로운 학교자치문화로 정착될 수 있도록 학교 밖 교육지원시스템을 체계적으로 준비해야 한다. 당장 시급한 것은 학교 밖 교육 관련 기관, 단체, 시설, 사업장 등을 마을교육기관으로 지정하고 관리하는 과제와 40만 명이 넘는 가정 밖·학교 밖 청소년들이 자아실현을 할 수 있는 안전복지체제를 구축하는 과제이다.

정부와 학교는 코로나19 팬데믹 상황의 경험을 바탕으로 더 이상 기후위기로 인한 재앙이 발생하지 않도록 향후 어떤 교육을 어떻게 해야 할 것인지 지혜를 모아야 한다. 지금은 해방 후 77년간 지속되어 온 학교교육을 면밀히 분석·평가하고 근본적인 문제점을 해결하면서 새로운 시대에 조응하는 교육체제를 도입해야 하는 터닝포인트이다.

모든 교육자들은 '교육 희망은 학교자치'라는 관점을 견지하고, 학교 교육 패러다임을 대전환하는 중차대한 과업에 참여와 연대 정신으로 솔선수범하는 모범을 보여야 한다.

출처: 네이버 블로그 〈교육내시경〉

토론 및 발표 50분

- **방식** | 분임별 발표 및 질의응답

- **대주제** | 지속가능발전교육으로서의 미래교육, 무엇을 어떻게?

- **소주제**

1. 대한민국 교육의 가장 큰 문제점은 무엇이라고 생각하는가?
   오늘 강의 내용 중에서 개인적으로 좀 더 강조하고 싶은 문제점을 제시해 보자.

2. 학교폭력, 가정폭력, 성폭력이 심각한 사회이다.
   폭력 없는 평화로운 사회를 만들기 위해서는 어떤 교육에 주안점을 두어야 할까?

3. 학교 미래교육의 방향성과 과제를 제안해 보자.
   '지금이 미래'라는 관점에서 미래교육의 핵심과제를 몇 가지 제시해 보자.

한층 더 강인한 사람

윤봉길

사람은 왜 사느냐
理想을 이루기 위해 산다

보라! 풀은 꽃을 피우고
나무는 열매를 맺는다

나도 理想의 꽃을 피우고
열매 맺기를 다짐하였다

우리 청년시대에
부모의 사랑보다
형제 사랑보다
처자의 사랑보다

더 한층 강의(剛毅)한 사랑이
있는 것을 깨달았다
나라와 겨레에 바치는
뜨거운 사랑이다

2 세계시민교육의 기본방향과 과제

학습 목표	세계시민교육의 방향성과 핵심과제를 선정하고 교육방법과 내용을 구체화하기 위하여, 국가 교육과정인 제7차 교육과정부터 20년 이상 지속되고 있는 범교과학습인 민주시민교육의 실태와 문제점을 평가·분석하고 글로컬(glocal) 차원의 세계시민교육에 대한 교육방법을 논한다.
학습 내용	- 민주시민교육의 현황 - 세계시민성의 이해 - 세계시민교육의 방법과 내용 토론
학습 방법	질의·응답식 강의, 동영상 시청 및 소감 발표, 분임토론 및 원탁토론

단계	교수·학습 활동		시간	자료
도입	사건·사고 뉴스 및 기관 제작 영상 등 제공		10분	동영상
	참석자 개인별 소감 언급		10분	
전개	영역1	민주시민교육의 현황	30분	Slide 블로그 유튜브
	영역2	세계시민성의 이해	30분	
	휴식		10분	
	영역3	세계시민교육의 기본방향과 과제	30분	
정리	토론 주제: 세계시민교육의 효과성 제고 방안		30분	전지 포스트잇
	분임별 발표 및 질의·응답		20분	
	정책 제안		10분	

* 영역별로 나누어진 30분은 내용에 따라서 변동이 가능함

도입 20분

slide 1

세계시민교육

Youtube에서 Keyword '세계시민교육'을 검색하고 해당 동영상 시청

https://youtube.com/watch?v=-mPhH-lwvBQ

여러분, 〈세계시민교육〉이라는 용어를 많이 들어 보셨죠?
세계시민교육의 정의가 무엇인지 한 분씩 이야기해 봅시다

- 우리 교육계에서는 시민교육, 민주시민교육, 세계시민교육이라는 용어를 사용하고 있다. 특히, 민주시민교육은 1997년에 발표한 제7차 국가 교육과정에서 범교과학습 주제로 제시된 용어이며, 학교에서는 민주시민교육을 주로 도덕, 윤리, 사회 교과 등에서 가르쳐 왔다.
- 세계시민교육은 영어로 Global Citizenship Education으로 표기한다. 유엔의 국제회의에서부터 사용되었으며 반기문 유엔사무총장이 주장한 '글로벌교육 우선구상(GEFI)'에서 세계시민교육이라는 용어가 국제사회에서 통용되었고, 대한민국의 교육계는 2015년 인천 송도에서 개최된 세계교육포럼 이후 본격적으로 사용되었다고 생각한다.
- 세계시민교육에 대한 개념 정의는 교육학자마다 다양하다는 사실을 전제로 참여자들은 어떻게 정의하는지 알아본다.
- 참고로 유엔의 산하 기구인 유네스코에서는 "세계시민교육은 변혁적 교육으로서 학습자들이 더 나은 세상과 미래를 만드는 데에 그들의 권리와 의무를 실현할 수 있도록 기회와 역량을 제공하는 참여지향적 교육이다"로 정의하고 있다.

영역 1 30분

slide 2

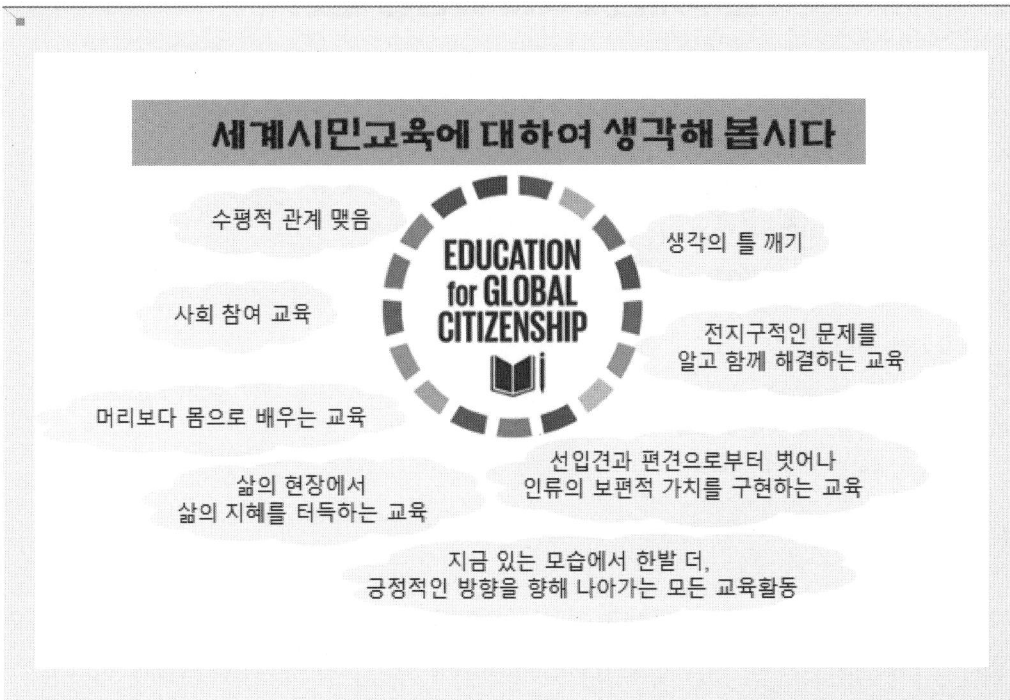

- 학교에 계시는 선생님들은 세계시민교육에 대하여 이렇게 다양하게 개념 정의를 하였다. 세계시민교육에 대한 관점의 프레임은 모든 분들이 다르기 때문에 용어의 정의도 각양각색이다.
- 공통적으로 세계시민교육이란 특별한 교과목도 아니고, 특별히 국제적인 리더를 양성하는 교육방법도 아니라는 인식을 갖고 있다. 다만, 세계시민교육은 기존의 시민교육에 '세계'라는 단어가 붙어 있어 한 국가의 문제라기보다는 전 지구적인 문제를 해결해 나가는 지혜를 터득하는 교육이라는 관점은 동일하다고 생각한다.
- 실제로 세계시민교육이라는 용어에는 우리 교육계에서 시행하고 있는 생명존중교육, 인권교육, 다문화교육, 성평등교육, 생태전환교육, 디지털시민교육 등 다양한 교육내용이 포함되어 있다. 용어에 포함된 다양한 가치를 고려하면, 세계시민교육은 지구촌을 살아가는 사람들에게 꼭 필요한 삶을 위한 교육(Learning for Life)이라고 생각한다.

slide 3

민주시민교육의 다양한 용어

○ **대한민국**: 민주시민교육(democratic-Civic Education)
○ **미국**: 시민교육(Civic Education)
○ **영국 & EU**: 민주시민성교육(EDC: Education for Democratic Citzenship)
○ **독일 & 유럽대륙**: 정치교육(Politische Bildung, political education)
○ **스칸디나비아 반도**: 인민교육(Volksbildning)
○ **일본**: 공민교육(公民教育)

◎ **정치란 무엇인가?**
정치는 권력을 형성하고, 분배하고, 사용하는 것과 관련된 사회적 관계, 대한민국의 모든 국민은 정치공동체에서 정치적 활동을 하며 살고 있음
(예) 주민발의, 주민감사청구, 주민참여예산, 주민소송, 주민소환

◎ 대한민국에서는 민주시민교육이라고 칭하는 용어가 OECD 국가에서는 각각 다르게 사용한다. 미국은 시민교육, 영국과 유럽연합은 민주시민성교육, 일본은 공민교육이라고 하며, 독일과 유럽대륙은 정치교육이라고 한다.

◎ 민주시민교육을 일컫는 다양한 용어들은 사실상 의미는 같다. 특히, 독일에서는 정치교육이라고 하는데 조금 거리감이 있는 생소한 용어로 생각하겠지만, 대한민국의 민주시민교육과 동일한 개념으로 생각해도 무방하다.

◎ 정치라는 용어가 정치인만 사용하는 용어는 아니다. 우리 대한민국 국민은 민주공화국이라는 정치공동체에 살고 있으므로, 모든 시민 개개인이 일상생활에서 정치적 활동을 하며 살고 있는 것이다. 그러한 의미로 독일의 정치교육을 이해하여야 한다.

◎ 학교에서 학생들이 학급회의를 하고 학생회를 운영하는 것도 교복 입은 민주시민으로서 일련의 정치적 활동을 하는 것이다.

헌법에 근거한 민주시민교육

헌법 제1조
① 대한민국은 민주공화국이다
② 대한민국의 주권은 국민에게 있고, 모든 권력은 국민으로부터 나온다.

- 민주공화국은 민주주의(民主主義, democracy)와 공화국(共和國, republic)의 합성어이다. 대한민국의 국체와 정체를 민주공화국으로 규정한 것이다.
- 국민은 국가(國家) 시민(市民)을 의미하며, 시민 개개인은 민주공화국이라는 정치공동체를 살면서 통치 또는 정치의 최고 권력자로서 주권을 행사한다.
- 따라서 민주시민교육이란, 국민이 국가의 주권자로서 국가와 지역 사회에서 일어나고 있는 정치 현상에 관한 객관적 지식을 갖추고, 정치적 상황을 올바로 판단하고, 비판의식을 갖고 정치 과정에 참여하여 책임지는 정치행위가 될 수 있도록 가정, 학교, 사회에서 습득하는 모든 과정이다.(홍윤기, 동국대 교수)

최초의 조례와 민주시민교육지원법 표류

대한민국에서 민주시민교육은 일제 강점기의 독립운동 일환으로, 그리고 광복 이후 70년 이상 시민사회의 자발적인 민주화운동으로 실천되어 왔으며, 교육계에서는 사회과 교육에서 교과 목표로 시행되어 왔다.
그렇지만 국가적 차원에서 필요성에 부응하는 정책적인 책무와 지원은 보이지 않았다. 대한민국 헌법과 교육기본법의 이념을 구체적으로 실천할 민주시민교육법과 제도는 과거 역대 정권(보수와 진보 갈등)에서 도외시되어 왔다.
2014년 1월 9일 서울시의회 조례(제5645호)로 제정한 '서울특별시 민주시민교육을 위한 조례'가 최초의 법적인 효력을 갖는 자치법규이다.

민주시민교육에 대한 역대 국회의 입법화 과정을 추적하였던 조찬례 교수는 "민주시민교육의 필요성에 대한 인식이 결실을 맺기 위해서는 기본법으로서의 민주시민교육지원법의 제정이 바람직하다고 할 수 있다. 그동안 법안 마련 과정에서 각종 시민사회단체들의 견해와 관련 전문가, 학자들의 견해가 반영되었지만, 단체 간의 이해관계가 다르다 보니 단일안의 작성에는 갖가지 어려움이 따르고 있다. 따라서 민주시민교육지원법은 범국가적·초당적 차원에서 다뤄질 필요가 있으며, 아울러 시민교육의 특성을 지닌 관련법들을 면밀히 검토하여 법 상호 간의 충돌을 예방하고 법 시행 과정에서 혼란이 없도록 하여야 한다"라고 말한다.

출처: 동국대 홍윤기, 〈2019년 시민교육론〉

slide 4

학교민주시민교육이란?

학교민주시민교육은 학생들이 스스로 주권자임을 자각하고, 민주주의의 이념과 제도, 가치와 절차를 이해하고, 이를 자신과 사회에 적용하여 민주적인 공동체를 형성하도록 지원하는 교육이다.

- 2019. 12. 교육부의 개념정의(안)

학교민주시민교육이란 각급 학교에서 학생, 학부모, 교직원(이하, '학교시민')을 대상으로 민주시민으로서 사회 참여에 필요한 지식, 가치, 태도를 배우고 실천하게 하는 교육을 말한다.

- 2018. 1. 4. 서울시교육청 학교민주시민교육 진흥 조례

- 학교에서 민주시민교육이라는 교과목으로 교육을 시작한 것은 1997년에 발표한 제7차 교육과정에서 범교과학습으로 제시된 이후이다. 사실상 학교는 국가 교육과정으로 민주시민교육을 권장하기 이전부터 교육기본법에 근거하여 사회, 도덕, 윤리 등의 교과목에서 교육하여 왔다. 그러나 아직까지도 학교민주시민교육이 무엇을 어떻게 가르치는 교육인지는 확실한 개념 정의는 되어 있지 않다.
- 2019년 12월 교육부는 12개 대학에 학교민주시민교육의 개념과 가치, 학교민주시민교육의 방향, 방법 및 내용을 연구하도록 용역을 주고 그 결과를 중간 발표하는 공청회에서 학교민주시민교육의 개념정의(안)을 발표하였다.
- 아직까지 학교민주시민교육을 위한 법률은 제정되어 있지 않지만, 많은 시도교육청에서는 학교의 민주시민교육의 필요성을 인식하고 자치법규인 조례를 제정하여 조례를 근거로 다양한 교육정책을 수립하고 있다. 2018년 1월 4일에 제정된 서울시교육청 학교민주시민교육 진흥 조례를 참조하시기 바란다.

slide 5

학교민주시민교육 시행 근거

○ **교육기본법 제2조** (교육 이념)
"홍익인간의 이념 아래 모든 국민으로 하여금 인격을 도야하고,
자주적 생활능력과 민주시민으로서 필요한 자질을 갖추게 함으로써…"

◎ **2015 개정 교육과정 (교육부 고시 제2015-80호)**
- 추구하는 인간상(4)
  자주적인 사람, 창의적인 사람, 교양 있는 사람, 더불어 사는 사람
- 목표하는 핵심역량(6)
  자기관리 역량, 지식정보처리 역량, 창의적 사고 역량, 심미적 감성 역량, 의사소통 역량, 공동체 역량
- 범교과학습 주제(10)
  안전·건강 교육, 인성교육, 진로교육, 민주시민교육, 인권교육, 다문화 교육, 통일교육, 독도 교육, 경제·금융 교육, 환경·지속가능발전 교육

◎ 학교민주시민교육의 근거는 교육기본법 제2조와 교육부장관 고시인 국가 교육과정이다. 현재 적용되고 있는 국가 교육과정은 '2015 개정 교육과정'이며, 현 교육과정에 범교과학습으로 민주시민교육이 제시되어 있다.

◎ 민주시민교육은 지금까지 범교과학습으로 권장사항이었으나, 지금의 글로벌시민사회에서는 민주시민성, 세계시민성은 학생들이 함양해야 할 핵심역량이어서 2022 개정 교육과정에서는 모든 교과에서 필수적으로 교육하도록 할 방침이다.

◎ **민주시민교육에 대한 현장의 목소리**
- 시민교육은 특정 교과에서나 담당해야 하지 않나요?
- 무엇을 어떻게 가르쳐야 하나요?
- 교사는 정치적 중립 의무 지키라면서…
- 민주시민교육에 대해 제대로 배우지도 못했는데…
- 자발성 없고. 거의 강의식으로 시행해요!
- 학생들이 시민으로 인식하기에는 아직 너무 어려요.
- 학부모, 입시 외에는 관심 없어요!

영역 2 30분

slide 6

인성교육 하고 있는데, 왜 민주시민교육이 필요한가?

- 인성교육(人性教育)에서는 사회 구성원이 함께 살아가는 데에 필요한 자질과 품성으로서의 도덕적 적성(배려, 존중, 준법 등)을 강조하는 반면,
- 민주시민교육(民主市民教育)에서는 주권자로서 시민적·정치적 및 사회적 권리(인권, 평등, 생명권, 근로권, 참정권 등)를 존중받으며 정치사회적인 문제와 과제에 대한 능동적 참여를 강조한다.

인성교육

- 2015. 7. 21. 시행한 인성교육진흥법 제2조(정의)
  '인성교육'이란 자신의 내면을 바르고 건강하게 가꾸고 타인·공동체·자연과 더불어 살아가는 데 필요한 인간다운 성품과 역량을 기르는 것을 목적으로 하는 교육
  '핵심가치·덕목'이란 인성교육의 목표가 되는 것으로 예(禮), 효(孝), 정직, 책임, 존중, 배려, 소통, 협동 등의 마음가짐이나 사람됨과 관련되는 핵심적인 가치 또는 덕목을 말한다.

민주시민교육

- 교육기본법 제2조(교육이념)
  교육은 홍익인간(弘益人間)의 이념 아래 모든 국민으로 하여금 인격을 도야하고 자주적 생활 능력과 민주시민으로서 필요한 자질을 갖추게 함으로써 인간다운 삶을 영위하게 하고 민주국가의 발전과 인류공영(人類共榮)의 이상을 실현하는 데에 이바지하게 함을 목적으로 한다.
- 서울시교육청 학교민주시민교육 진흥 조례(제6797호 2018. 1. 4. 제정)
  학교의 장은 제1항의 기준에 따라 교육대상의 연령 등을 고려하여 매년 학교 민주시민교육에 관한 교육계획을 수립하여야 한다.

slide 7

민주시민교육의 기본방향

지식 (knowledge)	가치 및 태도 (values & attitude)	참여적 기술 (participatory skill)
사실 (fact)	자기 이해 (self-understanding)	지력과 판단력 (intellect & judgement)
이해 (interpretation)	타인 존중 (respect for others)	의사소통 (communication)
개인적 역할 (personal role)	민주적 가치 존중 (respect for democratic values)	사회적 행동(참여와 연대) (social action)

출처: 2010 시민교육헌장지침서

- 학교에서의 민주시민교육은 지식(knowledge)에서 가치와 태도(Values & Attitude), 참여적 기술(Participatory skill)로의 방향성을 가져야 한다.
- 지금의 민주시민교육은 지식을 함양하는 수준에 머물러 있다고 생각한다. 왜냐하면 가치 존중과 태도는 토론수업이나 프로젝트 수업으로 하여야 성과를 얻을 수 있는데 학교교육은 여전히 진학을 목표로 교사 중심의 강의식 수업을 하고 있기 때문이다.
- 제대로 된 민주시민교육은 학생 중심의 교육방식으로 진행하면서 학생들이 일상생활에서 민주시민성을 발휘하도록 교육을 하여야 한다. 다시 말해서 사회생활을 하면서 가치와 태도를 참여와 연대 정신으로 실천적 행동을 하도록 가르치는 것이다.
- "나의 사랑이 머리에서 가슴으로 내려오는 데 70년이란 세월이 걸렸다"라고 하신 김수환 추기경의 고백은 '머리의 지식을 행동으로 실천해야 한다'는 메시지이다. 이러한 논리는 교육의 기본 목표이자 방향성이라고 생각한다.

slide 8

민주시민의 핵심역량

개인 역량 (key competency)	자율적인 행동	자신감, 자기관리역량, 독창력
	타인과 상호작용	소통능력, 협업능력
	언어 등 도구사용	분석비판능력, 기획력, 조직력
시민 역량 (citizen competency)	국가 정체성	올바른 역사의식과 국가관
	권리와 책임	법질서 의식, 정의감, 도덕성
	신뢰과 가치	공공성, 공익성, 인권의식
글로벌시민 역량 (global citizenship competency)	다양성 존중	다양성과 차이 인정
	참여 의식	공동체의식, 정치참여. 나눔과 봉사
	세계시민성	다문화존중, 공존, 지속가능발전 역량

출처: 2010 시민교육현장 지침서

- 그러면 민주시민교육은 어떤 역량을 함양시키는 교육인가? 글로벌시민사회를 살아가는 우리 자녀들이 갖추어야 할 역량은 다양한 관점에서 생각해 볼 수 있다. 학생들에게 필요한 핵심역량을 유목화해서 개인 역량, 공동체성으로서의 시민역량과 글로벌시민 역량으로 구분하여 정리해 본다.

- 본인은 학생들에게 필요한 개인적 역량은 UN에서도 미래역량으로 제시한 자기관리 역량, 커뮤니케이션 능력, 파트너십 능력, 분석비판 능력에 동감이다. 그리고 시민역량은 주권자로서의 올바른 역사의식과 국가관, 정의와 도덕성, 인권의식을, 글로벌시민 역량은 다인종·다문화사회에서 필요한 다양성과 차이 인정, 공동체의식, 지속가능발전 역량을 강조하고 싶다.

- 학교라는 공교육기관에서는 다양하게 제시된 핵심역량을 학교 교육과정과 수업에서 학생들에게 함양시키는 노력을 하여야 한다. 그렇지만, 본인은 여러 핵심역량 중에서도 가장 기본이 되는 역량은 인권의식이라고 생각한다. 인권의식은 인류가 추구해야 할 보편적 가치의 핵심이고 공정하고 정의로운 민주시민사회 건설에 필요한 기준이며, 한 사회의 도덕성과 사회정의를 평가하는 척도이기 때문이다.

slide 9

EU 민주시민성 교육 프로젝트

(Project on Education for Democratic Citizenship)

◎ **유럽연합(28개국) 집행부인 유럽평의회에서 1997년~2000년에 걸쳐 4년간 추진하였던 범유럽 차원의 민주시민성교육(EDC) 프로젝트**

*** 핵심 과제**

민주주의와 인권, 관용교육 강화, 학생·성인 그리고 교육자에게 적용할 민주시민 교육의 범위와 내용 및 교수법 개발, 유럽시민이 갖추어야 할 가치와 기능을 정리한 가이드라인 개발

*** 핵심 질문**

- 21세기 유럽에서 우수한 시민이 되려면 어떤 가치(values)와 기능(skills)이 필요한가?
- 그런 가치와 기능은 어떻게 개발되는가?
- 어린이, 청소년, 성인들에게 그런 가치와 기능을 전수할 수 있는 교육방법은 무엇인가?

◎ **EU의 민주시민성교육·인권교육(EDC-HRE) 헌장**

- 유럽연합은 2010년 5월에 민주주의와 인권을 위한 정치체제 구축은 교육과 훈련이 핵심 역할을 해야 한다는 회원국 결의를 바탕으로 민주시민성교육/인권교육 헌장 채택
- 민주시민성교육(EDC, Education for Democratic Citizenship)은 "민주주의와 법에 의한 정치주의의 관점에 입각하여 민주적 권리와 책임을 행사하고, 다양성의 가치를 평가하고, 민주주의 생활에 능동적으로 참여할 수 있는 역량을 부여함을 목표로 하는 교육"
- 인권교육(HRE, Human Rights Education)은 "인권과 인간의 근본 자유라는 관점에 입각하여 사회 안에서 보편적인 인권문화의 건설과 방어에 기여할 수 있는 힘을 부여하는 것을 목표로 하는 교육"

출처: 동국대 홍윤기, 〈2019년 시민교육론〉

slide 10

민주시민교육의 당면과제는 인권교육

우리 사회는 학교폭력, 사이버폭력, #School_Metoo, 데이트폭력, 가정폭력, 아동학대범죄, 직장 내 괴롭힘과 성희롱 등 직장폭력, 동물학대, 자살 등의 부정적 용어가 범람하고 있는 폭력사회라고 할 수 있다.

평화롭고 행복한 사회를 만들기 위해서는 인권부터 바로 세워야 한다. 학생들을 비롯한 전 국민 대상 인권감수성과 인권의식을 함양하는 범정부 차원의 인권운동이 절실한 상황이다.

학교의 인권교육을 충실히 하면 자연스럽게 민주시민교육과 인성교육의 목적은 달성될 것이다.

- 민주시민이 필수적으로 배양해야 할 핵심역량 중에서 인권의식을 강조한 이유를 좀 더 구체적으로 통계와 사례를 들어서 당위성을 강조하고자 한다.
- 우리 사회를 '병든 사회, 아픈 교육'이라고 한다. 아침에 눈만 뜨면, 아동학대범죄, 학교폭력으로 인한 자살, 성폭력으로 인한 공직자 검거, 디지털폭력, 직장 내 갑질 등 폭력 관련 기사가 끊임없다. 우리 사회는 폭력사회라 할 수 있다.

(참고) 우리 사회는 폭력사회인가?

- 학교폭력: 피해학생은 초등 1.8%, 중학교 0.5%, 고등학교 0.2% (2020. 교육부) 폭력유형은 언어폭력이 42.5%, 사이버폭력은 계속 증가
  * 2019. 9. 1. 학교폭력예방 및 대책에 관한 법률 개정
- 가정폭력: 가정폭력 중 아동학대 65.8%, 아동학대의 82.1%는 부모(2021. 보건복지부)
  * 2021. 2. 26. 정인이법(아동학대범죄 처벌 특례법 개정안) 제정
- 직장 내 괴롭힘: 경험 73.3%(2017. 국가인권위원회)
  * 2019. 7. 16. 직장 내 괴롭힘 금지법 시행
- 성폭력: #MeToo 일상화. #School_Metoo는 전국 100교 이상 확대
  * 2019. 12. 25. 여성폭력 방지 기본법 시행
- 데이트폭력: 경험 88.5%(2017. 서울시, 서울거주 여성 2천 명 대상 설문)
  * 2010년 ~ 2015년(5년간) 연인으로부터 살해당한 여성 총 645명(2015. 경찰청)
  * 2021. 10. 21. 스토킹범죄의 처벌 등에 관한 법률 시행

| 민주시민성 함양은 인권교육으로! |

나는 평생교육기관에서 시민교육을 할 때면, 항상 "민주시민교육이란 무엇입니까?"라는 질문을 한다. 그러면 거의 대부분 2가지 답이 나온다. 하나는 '민주시민을 양성하는 교육', 다른 하나는 '민주시민성을 함양하는 교육'이다. 첫 번째 답변에 대해서는 "민주시민이란 무엇입니까?"로, 두 번째 답변에 대해서는 "민주시민성이란 무엇입니까"로 다시 리버스질문을 하며 수업을 시작한다.

민주시민교육(democratic-civic education)을 미국에서는 시민교육(civic education), 유럽에서는 민주시민성교육(democratic-citizenship education)이라고 하며, 민주주의의 교육을 철저히 한다는 독일은 정치교육(political education, Politische Bildung)이라고 한다. 민주시민교육에 대한 용어가 나라마다 다르니 답변도 다양할 수밖에 없다.

동국대 홍윤기 교수는 "… 국가의 주권자인 시민이… 정치 현상에 관한 객관적 지식을 갖추고, 정치적 상황을 올바로 판단하여, 비판적 의식을 갖고 정치과정에 참여하여 책임 있는 정치행위가 이루어지도록 지식, 기능, 태도 및 가치를 … 습득하는 모든 과정이다"라고 말한다. 그는 시민 개개인은 주권자로서 정치공동체를 살아가고 있다는 관점으로 민주시민교육을 정의한다.

우리나라는 초중고등학교에서 민주시민교육을 하고 있지만, 민주시민교육에 대한 법적인 용어의 정의는 없다. 단지, 교육기본법 제2조(교육이념)인 "교육은 … 인격을 도야하고 자주적인 생활 능력과 민주시민으로서 필요한 자질을 갖추게 함으로써 … 인간다운 생활을 영위하고 민주국가의 발전과 인류공영의 이상을 실현하는 데에 이바지하게 함을 목적으로 한다"에 근거하여 민주시민교육을 하고 있을 뿐이다. 아직까지 민주시민교육의 정의와 가치, 민주시민성의 개념이 정립되어 있지 않고 교육의 방향과 과제가 설정되어 있지 않아서, 민주시민교육은 학교마다 다양한 방식으로 진행되며 교사 개개인의 의지와 역량에 의존하고 있다.

학교 현장에서 "민주시민교육은 인성교육을 잘 하면 되는 거야", "인성교육만 잘 하면 되지 인권교육은 왜 필요해?", "학생인권을 너무 강조하기 때문에, 교사의 교권이 추락하고 있어"라는 말을 자주 듣는다. 이러한 학교의 분위기는 민주시민교육이나 인권교육이 학교에서 제대로 이루어지고 있지 않는 이유를 여실히 보여주는 것이다.

교육부와 시도교육청은 정책적 차원에서 교육기본법에 근거한 민주시민교육을, 인성교육진흥법(2015년 시행)에 근거한 인성교육을, 법률과 국제법에 근거한 인권교육을 일선 학교에 요구하고 있다. 학교의 교원들은 혼란스러울 수밖에 없고, 일부 교사들은 "교육은 다름 아닌 인성교육이니, 인성교육만 충실히 하면 민주시민교육이나 인권교육은 크게 신경 쓸 필요 없다"는 생각을 하고 있다.

2019년 12월 7일 교육부 주관으로 광화문에 있는 코리아나 호텔에서 '교원양성기관과 함께하는 학교민주시민교육 컨퍼런스'를 개최하였다. 이날 교육부 관계자는 민주시민교육 관련 법 제정을 위한 학교민주시민교육의 개념(안)을 '학생들이 스스로 주권자임을 자각하고, 민주주의의 이념과 제도, 가치와 절차를 이해하고, 이를 자신과 사회에 적용하여 민주적인 공동체를 형성하도록 지원하는 교육'이라고 발표하였다. 1주일 후에 서울시교육청은 서울시의회에서 '인헌고 논란을 통해 본 학교민주시민교육 어떻게 할 것인가?'를 주제로 토론회를 개최하였다. 늦은 감이 없지는 않으나, 민주시민교육에 대한 개념 정의와 교육 방향과 방법을 공론화하고 논의하는 것은 참으로 다행스러운 일이다.

대한민국은 외형적으로는 국격이 높은 나라이다. 2010년에 공적개발원조국으로 부상하였고, 그 해에 G20 세계금융정상회담의 의장국으로서 국제회의를 개최하였다. 2013년에는 난민법을 발표하고 아시아 최초의 난민 인정국가가 되었으며, 1988년 서울올림픽에 이어 30년 만에 평창 동계올림픽을 개최하였다. 그리고 OECD에서 3년마다 시행하는 국제학업성취도평가(PISA)에서 최상위를 기록하는 나라이다.

그렇지만 OECD 국가에서 자살률이 가장 높고, 국민행복지수가 가장 낮은 나라이다. 학교폭력, 데이트폭력, 가정폭력, 사이버(성)폭력, 권력형 갑질과 직장 내 괴롭힘 등이 여전히 심각하다. 편견과 차별, 혐오와 폭력으로 얼룩진 어두운 그림자를 직면하면서 우리사회를 민주시민사회라고 말할 수 있겠는가?

민주시민교육의 당면과제는 폭력 없는 평화로운 행복사회 구축이어야 한다. 그리고 대한민국의 모든 시민 개개인이 다양성과 차이를 존중하고, 공동체의 가치와 정의를 실천하도록 인권감수성을 높이고 인권의식을 함양하는 인권교육에 정부의 모든 역량을 집중해야 한다.

민주시민성을 함양하는 교육은 어떤 교육인가? 민주시민을 '민주공화국의 구성원으로서의 시민'으로 해석한다면, 민주시민성이란, 개인적 역량과 사회와 국가에서 필요한 역량을 함의하는 개념이다. 개인적 역량이 자기관리역량, 소통역량, 분석·비판능력 등이라면, 사회·국가적 역량은 준법정신, 정의감, 도덕성, 인권의식, 다양성 및 공공성 존중 등의 역량이다. 민주시민성교육은 현재 교육계에서 회자되는 법질서교육, 도덕교육, 인권교육, 다문화교육, 생명존중교육, 안전교육 등 독립적으로 사용하는 교육용어들을 포괄하는 광의적 개념이다.

그렇다면 학교 민주시민교육은 어떻게 해야 하는가? 학생들이 자신의 문제나 사회현안을 토론하고 성찰하며, 배운 지식으로 실생활에 적용해 보는 삶을 위한 교육(Learning for Life)이어야 한다. 교사 주도의 일방적인 강의는 그러한 교육을 할 수 없다. 학생 주도의 토론방식의 수업이 절대적으로 필요하다.

독일은 유치원에서부터 그리고 가정의 식탁에서부터 정치교육(민주시민교육)을 한다. 그 방법은 1976년 16개 주정부의 교육장관과 전문가들이 합의한 보이텔스바흐(Beutelsbacher) 협약 3원칙을 적용한다. 그것은 논쟁 재현의 원칙, 주입·교화 금지의 원칙, 개인적 삶과의 연계성 원칙으로, 정치·사회적 이슈를 주제로 학교에서 토론수업을 해야 하며, 토론 과정에서 교사는 개입해서 관여하지 말아야 하고, 토론 내용은 학생의 삶과 관련을 짓도록 하자는 토론수업 방법의 대원칙이다.

그동안 대한민국의 교육 현장에서는 학교교육의 정치적 중립성이라는 논리로 학교에서 정치·사회적으로 민감한 주제를 수업에서 다루지 못하게 하였다. 그리고 정치 참여에 배제된 교사들도 그러한 수업을 해서는 안 된다고 생각하였다. 그런 이유로 학교의 교육은 진학을 위한 입시위주의 강의식 교육에만 치중하였던 것이다. 지금도 똑같은 상황이다.

이제 학교와 교사는 학생들을 미성숙한 존재이자 훈육의 대상으로만 보는 시각과 출세지향적인 고진감래형 교육에 올인하는 교육관을 하루속히 버려야 한다. '학생은 교복 입은 시민이며, 학교는 그들이 생활하는 시민사회'라는 인식을 가져야 한다. 전국적으로 확대된 학교에서의 #School_MeToo, 서울의 인헌고에서의 표현의 자유를 주장하는 집단시위, 금년부터 선거권을 갖는 만 18세인 고3 학생들의 정당 활동, 이러한 일련의 시대적 상황들은 이미 학교는 시민사회임을 반증하는 것이다.

교육은 사회를 바꾸는 힘을 갖고 있다. 모든 교육기관은 폭력사회라 불리우는 부끄러운 우리 사회를 행복사회로 전환하기 위해서 학교민주시민교육과 세계시민교육을 충실히 해야 하며, 다양한 민주시민성 중에서도 인권의식 함양에 중점을 두고 교육 방법을 강의식 수업에서 토론식 수업으로 반드시 전환해야 한다. 그리고 우리 교육자들은 토론을 효과적으로 진행하는 퍼실리테이터로서의 역량과 전문성을 함양하기 위하여 부단히 노력하여야 한다.

시민성 및 세계시민성 교육의 목적

(전) 미국 교육철학회 회장이었던 비에스타(Biesta, 2009) 교수는 어떤 교육이든 세 가지 목적이 있다고 하였다.

1. 교육의 자격화 목적: 주로 직업과 관련하여 무엇인가를 하게끔 이끄는 지식적 기능을 습득하게 하는 것을 뜻한다.
2. 교육의 사회화 목적: 교육을 통해 특정한 사회·문화·정치 공동체의 구성원이 되게 하는 것을 뜻한다.
3. 교육의 주체화 목적: 학생들이 살고 있는 정치·사회·경제질서로부터 그들의 독립성과 자율성을 길러 주는 것을 뜻한다.

시민은 여권이나 국가 문서를 통해 자신의 권리를 보장받는다. 글로벌시민은 국가가 아닌 인류를 통해 권리를 보장받는다.
이것은 우리가 국가만이 아니라 인류 전체에 대한 책임이 있음을 의미한다.

– 체르노바(Chernor Bah, 글로벌교육우선구상 청소년지원단 단장)

영역 3 30분

slide 11

세계시민교육이란?

세계시민교육(Global Citizenship Education)은 변혁적인 교육으로서 학습자들이 더 나은 세상과 미래를 만드는 데 있어 그들의 권리와 의무를 실현할 수 있도록 기회와 역량을 제공하는 참여지향적 교육이다. (2015. UNESCO 세계교육포럼)

지구촌 사회에서 대한민국이 지향하는 세계시민교육은 창의성교육, 생태전환교육, 인권교육, 다문화교육, 평화통일교육 및 지속가능발전교육을 포함한다.

세계시민교육의 목적은?

학습자가 지역 및 글로벌 차원에서 능동적인 역할을 스스로 떠맡으며 세계의 어려운 문제들에 맞서서 해결하고, 궁극적으로는 지금보다 더 정의롭고, 평화로우며, 관용적이고, 포용적이며, 안전하고, 지속가능한 세상을 만드는 데 앞장 설 수 있도록 그들의 역량을 키우는 데에 있다

출처: 유네스코, 〈글로벌시민교육〉 p.24.

- 세계시민교육에 대한 용어의 정의는 다양하지만, 2015년 인천 송도에서 개최된 세계교육포럼에서 UNESCO는 세계시민교육을 '변혁적인 교육이자 참여지향적인 교육'이라고 정의하였다. 대한민국의 경우는 국제이해교육, 다문화교육 등의 용어로 사용되어 오다가 세계교육포럼 이후에는 일관성 있게 세계시민교육으로 일컫는다.
- 학교 현장의 교직원들은 정부와 교육청에서 역점을 두고 있는 AI 인공지능시대의 창의성교육, 기후위기에 따른 생태전환교육, 차별과 폭력 없는 정의사회를 위한 인권교육과 다문화교육, 유일한 분단국가로서의 평화통일교육, UN의 17개의 SDGs 구현을 위한 지속가능발전교육을 모두 포괄하는 거시적 관점으로 세계시민교육을 이해하고 있다.
- 세계시민교육의 목적은 대한민국이라는 한 국가에서 지향해 왔던 민주시민교육을 글로벌 차원으로 확장된 내용을 함의한다. 글로컬리더십(Glocal Leadership)이라는 용어가 지역과 세계를 아우르는 리더십을 의미하는 용어인데, 세계시민교육은 글로컬리더십을 함양하는 교육이라고도 볼 수 있다.

◎ 세계시민교육을 쉽게 설명하면, 지금보다 더 정의롭고, 평화롭고, 관용적이며, 안전하고 지속가능한 세상을 만드는 데 역량을 발휘하도록 하는 교육이다.

◎ **K-SDGs**

문재인 정부는(2017. 5. 10. ~ 2022. 5. 9.)는 지속가능발전을 국정과제로 선정하고 2018년에 한국의 지속가능발전 목표 K-SDGs를 수립하여 발표하였다.

◎ **지속가능발전법 제2조(정의)**

1. "지속가능성"이란 현재 세대의 필요를 충족시키기 위하여 미래 세대가 사용할 경제 · 사회 · 환경 등의 자원을 낭비하거나 여건을 저하(低下)시키지 아니하고 서로 조화와 균형을 이루는 것을 말한다.
2. "지속가능발전"이란 지속가능성에 기초하여 경제의 성장, 사회의 안정과 통합 및 환경의 보전이 균형을 이루는 발전을 말한다.

slide 12

세계시민교육의 목표는?

- 학습자가 실생활 속의 문제들을 비판적으로 분석하고, 가능한 해결방안을 창의적이고 혁신적인 방법으로 찾을 수 있게 한다.
- 학습자가 주류 담론의 가설과 세계관, 권력관계를 비판적으로 고찰하고, 체제에서 소외된 개인 또는 집단을 고려하도록 돕는다.
- 바람직한 변화를 이루기 위해서는 개인과 집단의 행동이 반드시 필요하다는 것을 강조한다.
- 학습 환경 밖에 있는 이들을 포함해 다양한 이해당사자들을 공동체나 더 큰 사회에 참여시킨다.

출처: 유네스코, 〈글로벌시민교육〉

◎ 세계시민교육의 목적을 달성하기 위하여 유네스코에서는 세계시민교육의 목표를 크게 4가지로 설정하였다(PPT 참조). 학습자 개인의 비판적 사고와 창의적인 생각, 소외된 개인과 집단에 대한 관심과 배려를 중시하면서, 개인과 집단의 적극적인 행동과 사회 참여를 강조한다.

slide 13

세계시민 양성을 지향하는 학교문화

- 토론수업, 체험수업, 프로젝트 수업 등 협력수업 확대
  · 교과와 연계한 사회 현안 토론수업 실시
  · 학교폭력 예방과 민주시민성 함양을 위한 어울림프로그램* 운영
  · 교육과정에서의 지속적인 언어순화교육 강화
  · 학년 단위, 교과 단위, 부서 단위, TF 등 다양한 교직원 학습공동체 운영
- 학생 자치활동 지원 및 상담활동 강화
  · 학급회의 내실 운영 및 다양한 자율동아리 활동 적극 지원
  · 또래상담, 집단상담, 부모상담 등 학교상담의 다양화 및 전문화
  · 문제행동학생 대상 전교사 상담시스템 구축, 사제멘토링제 운영 등
- 학교 교육공동체의 민주적 의사소통 활성화
  · 교육 3주체 토론회(SPTA), 학교발전위원회 등 다양한 상설협의체 운영

세계시민을 양성하는 학교문화를 조성하기 위해서는 첫째, 학생 주도형 토론수업과 협력수업을 공식화하는 것이다. 둘째, 학생자치를 활성화하고 교사와 학생의 관계 형성을 위한 모든 학생이 참여하는 상담시스템을 구축하는 것이다. 셋째, 학교에 교육의 3주체가 동참하는 민주적 의사소통 채널을 공식적으로 운영하는 것이다.

어울림프로그램

교육부에서 학교폭력 예방교육에 사용하도록 개발한 교육프로그램으로 총 134종이 학교에 배포되었다. 프로젝트 수업을 할 수 있는 내용으로 구성되어 있다.

1. 6가지 영역
   - 공감, 의사소통, 감정조절, 자기존중감, 갈등해결, 학교폭력 인식·대처
2. 교육 대상은 학생, 교사, 학부모
   - 기본프로그램, 심층프로그램, 교과연계프로그램, 자유학기(학년)연계프로그램
   - 도란도란 학교폭력예방 누리집, 학교폭력예방교육지원센터 탑재

slide 14

세계시민교육의 기본 원리

1. 글로벌 사회와 지역 간 공간적 연계와 통합
2. 교육 주제에 대한 역사적, 시간적 연계와 통합
3. 이론과 실천의 조화를 위한 학교와 학교 밖과의 연계와 통합
4. 인지적·정의적·도덕적·행동적 영역의 연계와 통합

- 제시된 교육의 기본원리는 홀리스틱(holistic) 접근원리와 유네스코 포용교육(UNESCO, 2015)을 토대로 발전시킨 홀리스틱 페다고지의 교육원리이다.(김다원, 2021)
- 오늘날 세계화로 인하여 각종 정치, 경제, 문화, 사회, 교육 등의 문제는 전 지구적인 문제이다. 즉, 지역적 차원과 글로벌 차원의 특성을 동시에 갖고 있다. 그래서 세계를 하나로 연결된 체제로 통찰할 수 있는 글로컬교육*이 필요하다
- 모든 사회 문제 및 사회 현상은 역사성이 내재되어 있다. 과거와 현재 그리고 미래를 연결하는 통시적 관점의 교육을 해야 한다.
- 세계시민교육은 세계시민으로서의 자질과 역량을 함양한 삶을 위한 교육이다. 그러한 교육은 학교라는 제한된 공간에서만 해서는 안 된다. 세계시민교육은 학교의 벽을 넘나드는 마을교육과정으로 운영하여야 한다.
- 학력은 인지적, 정의적, 도덕적, 행동적 영역을 포함한 개념이다. 각 영역이 균형적으로 계발되어 원만한 사회생활 역량을 갖추는 지덕체 통합교육이 필요하다.

Glocal & Glocalization

- 글로컬(Glocal)은 Global과 Local의 합성어이며 글로컬라이제이션(Glocalization)은 세계화(Globalization)와 지역화(Localization)의 합성어.
- 글로컬라이제이션의 개념은 세계화와 현지화를 동시에 이뤄 시너지 효과를 극대화하려는 다국적 기업의 현지 토착화를 말하며, 현재 사용되는 일반적인 개념은 지역적인 것의 세계적 생산과 세계적인 것의 지역화를 표현하는 것.

Oxfam의 세계시민으로서의 자질

세계 최대의 구호 개발기구인 영국의 Oxfam이 세계시민교육 관련 교육과정을 만든 것은 1997년으로 다른 어떤 교육기관보다도 오랜 역사를 갖고 있다.

Oxfam에서 제시한 세계시민으로서의 자질 10가지를 소개한다.

1. 더 넓은 세계를 인식하고 세계시민(World Citizen)으로서 자신의 역할을 안다.
2. 다양성을 존중하고 가치를 인식한다.
3. 세계 체제를 이해한다.
4. 글로벌 이슈의 복잡성을 인식하고 다관점으로 접근한다.
5. 사회정의와 관련된 일에 열정적으로 참여한다.
6. 지역 사회와 글로벌 사회 간 연계를 인식한다.
7. 지역 사회에서 글로벌 사회까지 다양한 수준의 공동체에 참여한다.
8. 세계를 더 균등하고 더 지속발전가능한 장소로 만드는 데 협조한다.
9. 자신의 행동에 책임감을 갖는다.
10. 비판적 사고력을 지닌다.

* Oxfam에서 제시한 세계시민이 갖추어야 할 기본적인 자질은 자신의 역할을 인식하고, 이에 필요한 지식과 기능을 습득하여, 실제 삶에서 참여하고 연대하는 실천적인 행동이다.

출처: 김다원, 〈세계시민교육의 내용과 방법〉

slide 15

세계시민 교육의 기본방향

1. **학습의 주체는 학습자이어야 한다** (학생은 능동적 주체. 교사는 학급구성원의 1/n)
   · 자기역할, 고정관념, 편견을 검토하고 스스로 가치관을 형성하도록 함
2. **학습의 주제는 학습자들이 정한다** (삶을 위한 교육 지향)
   · 학습자의 상황과 요구를 반영하며, 학습자의 이해관계 고려
3. **학습 방법은 토론방식*이어야 한다** (민주주의는 지식이 아니라 경험으로 배운다)
   · 정의적 영역의 가치와 태도 관련 내용은 학생 중심의 다양한 협력수업으로 실시
4. **교사의 주입이나 교화는 금지한다** (교사는 퍼실리테이터*, 학생이 수업의 주인공)
   · 브레인스토밍을 통해 다양한 의견을 접하도록 하고 자기주도학습이 가능하도록 함
5. **학습 내용은 일상생활과 연계한다** (연대와 참여의 가치 실천)
   · 지식전달 수업이 아니고 삶의 지혜를 터득하는 산지식을 얻도록 한다

- 세계시민성 함양을 위한 수업은 기존의 주입식, 강의식 수업과는 다른 모습이어야 한다.
- 학습의 주체는 학습자인 학생이어야 하며, 교사가 주도해서는 안된다.
- 학습의 주제는 학습자들의 의견을 수렴하여 정하는 것이 학습자들의 참여율을 높인다.
- 학습 방법은 토론방식이어야 한다. 독일의 정치교육 방법인 보이텔스바하 3원칙*을 적용하도록 한다.
- 교사의 역할은 퍼실리테이터의 역할이다. 토론의 조력자로서의 역량을 발휘해야 한다.
- 수업 내용은 반드시 일상과 연계된 내용이어야 삶의 지혜를 터득하는 데 도움이 된다.

토론방식 수업 = 보이텔스바하 협약(Beutelsbacher Konsens) 3원칙

독일의 16개 지방자치단체의 교육전문가들이 1976년에 합의한 정치교육에서 적용하는 토론수업 방법이다. 효과성이 검증되어 서울시교육청에서도 매년 초중고등학교에 리플렛을 만들어 안내하고 있음

1. 논쟁 재현의 원칙 2, 주입·교화 금지의 원칙, 3. 삶과의 연계성 원칙

정치·사회적으로 이슈가 되고 있는 주제는 학교에서도 논쟁하도록 하며, 교사는 개입하여 주입 또는 교화하지 않으며, 토론 주제는 학생들의 삶과의 연계성이 있어야 함

퍼실리테이터(Facilitator)의 발언 시 유의사항

- 정보를 소개할 때, 다른 해석 혹은 모순의 여지가 없는 것처럼 얘기하는 것
- 특정 사실이나 증거에 대하여 특별히 강조함으로써 정보에 차별을 두는 것
- 사실뿐만 아니라, 교사 자신의 의견이 정통한 것이라고 주장하는 것
- 자신의 고정관념이나 편견을 드러내거나, 개인적인 경험을 일반화하는 것
- 여러 단체의 주장을 그대로 전하지 않고 교사 자신이 재해석하여 전하는 것
- 얼굴 표정이나 몸짓, 목소리 등으로 자신의 호불호를 드러내는 것
- 너무 성급하게 결론을 내리고 반대의견을 고려하지 않는 것

가치관의 대립과 갈등 받아들이기

서로 살아온 배경이 다르고 가치관, 기대 수준, 일하는 방식이 다양한 사람들이 함께 일하는 과정에서 의견 차이도 나고 갈등이 빚어지는 것은 자연스러운 현상이다. 게다가 불확실하고 예측 불가한 뷰카(VUKA)* 시대의 환경에서는 누구도 정답을 내놓을 수 없는 상황이다. 정답을 내놓을 수 없는 상황이니 각자 다양한 의견을 말해야 한다. 그 과정에서 의견의 부딪힘과 가치관의 대립은 피할 수 없다. 오히려 건설적인 충돌을 권장해야 할 상황이다. 이제 갈등은 피해야 할 대상이 아니다. 적극적으로 직면하고 지혜롭게 관리함으로써 개인과 조직의 성장을 이끌 수 있는 긍정자원으로 전환하기 위하여 갈등관리 방법을 학습하고 현장에 적용해야 한다.

- 박효정 외. 개인과 조직을 살리는 갈등관리 언컨플릭(Unconflict)

※ 참고: 제4차 산업혁명 시대의 세계관을 VUCA라고 함.
변동성(Volatile), 불확실성(Uncertainty), 복잡성(Complexity), 모호성(Ambiguity)

slide 16

세계시민교육의 평가방법

1. 서술형 평가
   · 복잡한 인지적 결과와 정의적 영역을 확인할 수 있는 말과 글의 평가
2. 메타 평가
   · 교과 학습을 상호 연계하고 관련 짓는 범교과 통합 평가
   · 〈도덕/사회과 + 전교과 + 창의적 체험활동〉을 상호연결하고 융합하는 능력 평가
3. 협동학습에서의 평가
   · 파트너십을 갖고 관계지향적*으로 공동의 문제를 해결하는 과정 평가
4. 학습하는 방법의 평가
   · 스스로 문제를 찾아 고민하고 해결하는 자기주도성 평가
5. 지식 활용 평가
   · 배운 지식의 습득 정도보다는 일상생활 활용 정도 평가

◎ 수업 방법이 달라지면서 평가 방법도 기존의 선다형 객관식 평가는 지양해야 한다.

◎ 서술형 평가, 메타 평가, 과정 및 총괄 평가, 학습하는 방법의 평가, 지식 활용 평가 등 다양한 정성평가를 시행하여야 한다.

◎ **관계지향적 접근이란?**

- '내 안에 너 있다' 우리 모두는 타자의 타자: 타자의 입장이 필수인 자기
- 인간의 상호의존성과 취약성을 인지하면서 존엄, 자유, 안전, 안녕, 평화와 같은 기본적인 가치를 관계성 속에서 이해하자는 접근
- 고유하게 개별적이면서도 동시에 타자와 연결되어 있는 사회적 존재다. 사회적 관계가 인권의 향유에 영향을 미친다.
- 인권을 어떻게 해석하고 실천하느냐에 따라 관계도 다르게 구성할 수 있다.

- 류은숙 〈인권연구소 '창'〉

관계를 파괴하는 권리 담론

- 입만 열면 권리 타령
- 속성, 품성, 혈통, 소속, 자격 등 '충족 요건'을 문제 삼는 권리 담론
- 관계 속의 자율성, 상호의존성 거부
- 1인칭 관점만 존재: 사회 속의 개인이 아님
- 비정치적: 공적영역, 정치공동체 삭제
- 자유에 제한을 부과. 권리의 변화를 가로막는 집단/공동체 주의
- 자기 또는 자기편 권리의 절대성 주장. 편애하는 권리 옹호
- 권리의 '소비자'로만 굴기
- 재화나 서비스에 대한 욕망 충족 또는 최대의 이익을 권리로 착각
- 이분법적인 대립 구도를 설정하고 대립과 충돌, 승패에 집중되는 경향
- 맥락 없이 권리를 동원하여 특정 단어를 나열하기: 타자에 대한 앎의 의지가 없는 권리 언어의 오남용
- '과잉 인간'의 관심 끌기, 타인의 피해자화, 파괴와 몰락 즐기기

- 류은숙 〈인권연구소 '창'〉

갈등 조정의 자세와 방법

첫째, 문제 제기를 누가, 어떻게 했느냐와 관계없이 모든 문제는 조직의 발전에 필요한 논의 과제라는 긍정적인 자세를 갖자. 그래야 조직 구성원들이 평소에 디테일한 관점으로 발전적이며 혁신적인 아이디어를 부담 없이 제공한다.

둘째, 문제해결에서 쌍방이 원하는 모든 것을 얻을 수는 없다. 상호 변화하기 위한 자세와 양보하는 마음을 갖자. 상호 이익을 보는 윈윈전략을 세우자. 논쟁에서 이기고 사람을 잃는다면 조직의 발전은 기대할 수 없다.

셋째, 갈등 중재자나 논쟁 당사자는 자신의 주장에 앞서 '언제든지 관점과 생각을 바꿀 수 있다'는 자세를 갖자. 나만의 생각 프레임으로는 절대로 갈등해결은 불가능하다. 서로의 프레임을 인정하자.

넷째, 갈등 조정에 있어 문제의 정의는 당사자들이 논점에서 벗어나지 않도록 구체적이어야 한다. 그리고 문제해결은 순차적으로 하나씩 처리한다.

다섯째, 맥락적 경청, 긍정적 표현, '나 메시지' 등 소통스킬을 염두에 두고 실천하며, 특히 상대방의 자존감이 상하지 않도록 말투나 감정표현에 주의한다.

여섯째, 합의점에 도달하면 결론이 이행되도록 구체적 실행 방안도 약속하며, 상대방의 관점과 생각을 다시 한번 존중해 주고 갈등 조정 과정에서의 노력에도 감사한다.

slide 17

세계시민 교육자의 자세

1. 배려와 관용, 협력, 다양성 존중
   · 혐오와 차별 반대, 약자와 소수자에 대한 배려, 공존과 상생의 가치 존중

2. 토론수업*과 프로젝트 수업 전문성 갖기
   · 세계시민교육은 실천적 행동을 몸에 익히는 삶을 위한 교육이라는 인식을 갖고 토론수업 등 협력수업의 전문성 갖기

3. 윤리적 소비
   · 학교 밖 생활에서의 노동 착취, 공정무역 등에 관심 갖고 교육적 실천하기

4. 환경보호 실천
   · 기후위기, 생명다양성 소실, 물 부족, 육상 및 해양 생태계 파괴에 관심을 갖고 교육하기

5. 글로벌 이슈에 대한 관심
   · 전쟁, 분쟁, 기아, 재난, 난민, 인권, 성평등 등

- 제7차 교육과정에서부터 범교과학습의 주제로 제시된 민주시민교육은 이제 세계시민교육의 방향성을 갖고 추진해야 한다. 그러나 그동안 민주시민교육은 민주시민성의 개념과 교육 방법 및 내용, 평가 등이 국가 교육과정으로 제시되지 않아, 일선 학교에서는 사회, 윤리, 도덕 등 특정 교과목 담당 선생님이 교과서 내용의 일부를 가르치는 정도이었다.
- 정부에서는 시대적 상황을 고려하여 2022 개정교육과정에서는 모든 교과목에서 민주시민교육을 포함한 세계시민교육을 하도록 하였다. 교과목을 담당하시는 선생님들은 저마다 UN과 정부에서 제시한 17개 K-SDGs 과제를 근간으로 교육 내용을 적절히 재구성하여 가르쳐야 한다.
- 교복입은 세계시민인 학생을 교육하기 위해서는, 선생님들이 먼저 세계시민이 되어야 한다. 하루속히 선생님들의 교육관과 교육철학, 그리고 교육방법을 시대적 상황에 맞게 바꿀 필요가 있다.

토론수업에서의 효과적인 소통

1. 효율적 질문

- 개방형으로 질문하기
- 한 두 가지씩 질문하기
- 간결하고 명확한 질문 던지기
- 직접적인 질문보다 간접적인 질문하기(조사 · 확인형 질문 지양)
- 이유를 묻는 질문은 가급적 피하기(추궁 · 질책형 질문 지양)
- 질문한 후 생각할 여유를 충분히 주기

2. 맥락적 경청

- 수용적인 태도로 공감하기
- 상대방이 자연스럽게 말하도록 침묵하기
- 상대방의 이야기 중간에 끼어들지 않기
- 평가적, 선별적, 동정적 경청 피하기
- 상대방의 감정, 이야기의 은유와 상징의 의미 이해하기
- 상대방의 이야기 핵심을 파악하면서 메모하기

3. 공감적 응답

- 나(I) 메시지로 전달
- 그렇지만(But)보다는 그래요(And)의 긍정형 단어 사용
- 주관적보다는 객관적 뉘앙스로 말하기
- 상대방의 질문을 존중하면서 자신의 견해를 분명하게 표현하기
- 상대방에게 관심을 보이며 웃는 얼굴로 말하기

| 미래교육으로서의 세계시민교육 |

2015년 이후 교육계는 미래교육과 세계시민교육을 주제로 공청회, 포럼 등 다양한 행사를 수시로 개최하고 있다. 2015년 5월 인천에서의 유네스코 세계교육포럼, 2016년 1월 스위스의 다보스 세계경제포럼, 2016년 3월 서울에서의 알파고와 이세돌 9단의 바둑대결이 교육계에 상당한 자극을 주었기 때문이다. 이와 같이 국제적 행사에 우리나라가 다른 나라보다 좀 더 민감한 반응을 보이는 것은 세계교육포럼의 중심에 대한민국의 반기문 총장이, 인공지능과 인간의 대결에 대한민국의 이세돌 씨가 있었으니 그럴 만도 하다.

현재 진행되고 있는 미래교육이나 세계시민교육 행사를 들여다보면, 대부분 공통적으로 현재의 교육을 진단하고 변화하는 미래사회의 트렌드를 조망하며 지속가능한 교육의 방향과 전략을 논의하는 자리이다. 그런 점에서 미래교육과 세계시민교육은 궤를 같이 하고 있다.

세계교육포럼에서는 195개 유네스코 회원국의 교육관계자들이 2000년에 시작해서 2015년까지 추진했던 '모두를 위한 교육(Education for All. EFA)의 성과를 평가하고, 2016년부터 2030년까지(Post-2015)의 15년간 이행할 교육 의제에 관해서 논의하였다. 그 이후 제70차 유엔총회에서 지구촌의 모든 국가들이 상호 협력해야 할 17개의 지속가능개발목표(Sustainable Development Goals, SDGs)를 결정하였다. 빈곤과 기아 종식, 건강한 삶의 보장과 웰빙 증진, 양질의 교육 보장과 평생교육 증진, 성평등 및 여성·여아의 역량 강화, 완전고용과 양질의 일자리 증진, 국가 내·국가 간 불평등 완화, 기후변화에의 대처, 바다와 해양자원 보존 및 산림 보호, 평화적이고 포괄적인 사회 증진과 사법제도 구축 등 대부분의 개발 목표는 세계시민교육으로 달성해야 할 과제들이다.

그동안 우리나라에서는 세계시민교육(global citizenship education)이라는 용어보다는 국제이해교육(education for international understanding)이라는 이름으로 타국 문화에 대한 이해, 인권 존중, 유엔 및 전문기구 이해, 환경교육을 하였고, 다문화교육(multicultural education)이라는 이름으로 민족, 인종, 종교, 언어, 문화 등에 의한 차별이나 편견 없는 어울림사회를 만들기 위하여 세계시민성 교육을 하여 왔다. 그리고 2009년 개정교육과정에서는 필요한 인간상으로서 '세계와 소통하는 시민으로서 배려와 나눔의 정신으로 공동체 발전에 참여하는 사람'이라고 세계시민의 자질을 명시하였다. 그로 인해 초중고등학교에서는 일부 과목에서 다양한 방식으로 세계시민교육을 하고 있으며, 서울시교육청에서도 교원 연수, 동아리 지원, 학습자료 지원, 특별지원학교 운영 등 행·재정적 지원을 하고 있다.

세계교육포럼을 계기로 미래교육의 또 다른 이름으로 부각한 세계시민교육은 국제이해교육, 인권교육, 다문화교육, 환경교육 및 지속가능한 모든 교육을 포함하는 상당히 포괄적인 개념어이다. 그리고 국가마다 전 지구적인 삶을 바라보는 관점과 시각이 다르고 처한 상황이 상이하므로 세계시민교육을 한 마디로 정의하거나 개념화하기는 어렵다. 유네스코에서도 '학습자가 인류공동으로 직면하는 문제들에 관심을 갖고, 이를 해결하는 데 필요한 소통, 협력, 창의 및 실천 역량을 갖출 수 있도록 하는 역할이 글로벌시민교육'이라고 정의하고 있다.

유네스코에서 제시한 지속가능발전목표(SDGs)들은 지구촌의 세계시민 모두가 관심을 갖고 실천해야 할 중요한 과제들이다. 그렇지만, 국가마다 역점을 두어야 할 과제, 우선순위가 필요한 과제, 새롭게 추가해야 할 과제가 있으므로, 우리나라도 유네스코에서 제안한 17개의 개발목표를 참고하여 세계시민교육의 방향성과 중장기과제 및 과제별 전략 등에 관한 심층연구가 절실히 필요하다.

미래교육으로서의 세계시민교육에 관한 정책연구는 정부와 교육청의 교육전문가 그룹에서 수행하겠으나, 교육자의 한 사람으로서 대한민국이 지향해야 할 세계시민교육의 당면과제를 다섯 가지 제안한다.

첫째, 스스로 미래를 디자인하며 직업을 선택할 수 있는 창의성교육
둘째, 인권친화적인 평화로운 가정 및 학교 문화 조성을 위한 인권교육
셋째, 문화의 다양성과 차이를 인정하며 더불어 살아가기 위한 상호문화교육
넷째, 천재지변과 각종 안전사고 및 질병을 예방하고 대처하는 생명안전교육
다섯째, 남북통일과 민족의 동질성 회복을 위한 통일준비교육

먼저 인공지능시대를 살아갈 우리의 꿈나무들을 위한 창의성교육이다. 2016년 1월 다보스포럼에서는 10년 안에 현존하는 일자리의 710만 개가 인공지능로봇에 의해 대체되고, 500만 개의 일자리는 사라지고 200만 개의 일자리가 생성된다는 예측을 했다. 또한, UN미래포럼에 의하면 2030년에 현존하는 일자리의 80%가 없어진다고 한다.

앞으로 인공지능 시대를 살아갈 우리의 자녀들은 1인 기업, 온라인 직업, 로봇과 함께 하는 직업 등 다양한 직업 형태에 직면하게 되고, 국경을 초월한 지구촌에서 직업을 선택하게 될 것이다. 졸업장이나 스펙이 중요한 것이 아니고 무엇을 할 수 있느냐가 중요한 시대가 되었으니, IT 활용능력이나 SW 개발능력과 같은 부가가치를 창출할 수 있는 창의성교육을 해야 한다.

두 번째는 인간의 기본권이 존중되고 보호받는 가정과 학교를 만들기 위한 인권교육이다. 우리나라는 선진교육국인 OECD에서 청소년 자살률은 18년간 최상위이며, 청소년 행복지수는 최하위인 국가이다. '병든 사회, 아픈 교육'이라는 말이 실감 난다. 아동폭력, 학교폭력, 성폭력은 상당히 줄어들었으나, 여전히 가정과 학교에서 발생하고 있다.

자살의 90%는 타살이라는 말이 있다. 관심과 사랑이 있는 곳에서는 그런 불행한 일은 발생하지 않는다. 교사와 부모는 학생을 미성숙한 존재이며 훈육의 대상이라는 고정관념을 버리고, 학생도 '교복 입은 시민'으로 존중받아야 할 독립된 인격체라는 인식을 갖어야 한다. 그리고 학생들에게는 봉사활동, 생명존중 및 인권보호 활동 등을 통하여 인권감수성을 높일 수 있는 교육을 충실히 하여야 한다.

세 번째는 문화의 다양성과 차이를 인정하며 더불어 살아가는 다문화사회를 지향한 상호문화교육이다. 우리나라는 2007년에 외국인 100만시대가 되었는데, 9년만인 2016년에 외국인 200만시대를 맞이하고 2020년은 250만시대가 되었다. 외국인근로자와 국제결혼자의 수가 급속히 늘어나고 있기 때문이다. 그리고 2013년 7월에는 난민법을 발표하고 아시아에서 유일하게 난민을 받아들이는 나라가 되었다. 점점 서울 비롯하여 전국적으로 외국인 마을이 우후죽순 생기고 있다. 서울에는 이미 다문화학생들이 1만 8천 명(2019. 4. 서울시교육청 통계)이 넘었다.

초중등학교에서는 국가교육과정에 근거하여 다문화교육을 해야 한다. 다문화학생들이 한국사회에 적응하면서 정상적인 학교생활을 할 수 있도록 다문화학생은 물론 그들의 부모들과 일반학생을 대상으로 다문화교육을 강화해야 한다. 특히 중도입국학생들에 대한 돌봄교육에 역점을 두고 학교 부적응으로 고통받지 않도록 해야 한다.

네 번째는 천재지변과 각종 재난 및 안전사고를 예방하고 대처하는 생명안전교육이다. 2014년 4월 16일의 세월호 침몰은 우리나라 국민이라면 평생 잊을 수 없는 슬픈 대형사고이다. 학교 내의 교육활동에서 다양하게 발생하는 안전사고를 비롯하여 학교 밖에서 이루어지는 수련, 진로체험, 여행 등의 체험활동에서의 안전사고는 더 이상 발생하지 않아야 한다.

학교, 소방서, 경찰서, NGO 단체가 연합하여 실제상황처럼 평상시에 재난 대비 대응교육을 철저히 한다. 그리고 코로나19 팬데믹 상황으로 2년 이상 전 국민이 불안한 삶을 살고 있다. 기후변화와 생태계 파괴, 생명다양성 소실, 각종 질병 등에 대비하기 위한 생태전환교육도 충실히 해야 한다.

다섯 번째는 남북통일과 민족의 동질성 회복을 위한 통일준비교육이다. 대한민국은 세계적으로 유일한 분단국가이다. 슬픈 현실이다. 독일과 같이 평화통일을 해야 한다. 통일을 위한 노력은 정부 차원에서 정책적으로 다양한 노력을 기울이고 있으나, 학교인 공교육기관에서도 민족의 동질성 회복을 위한 통일준비교육을 충실히 해야 한다.

통일부 통계에 의하면 2021년 현재 북한이탈주민은 33,826명이다. 그 중에 여성이 72%이며 학생은 2,531명이다. 탈북민은 다른 다문화가정과는 달리 우리 민족임에도 불구하고 특별한 심리적 특성을 갖고 있다. 그들은 죄책감과 불안감 그리고 외상 후 스트레스 장애로 고통을 받고 있다. 따라서 정부의 정책과 학교의 교육과정은 탈북민을 위한 심리정서적 지원에 주안점을 두고 공동체 생활에 적극적으로 동참할 수 있는 다양한 프로그램을 운영하여야 한다. 현존하는 탈북가정의 안정적인 사회 정착과 자녀들의 학교생활 만족도를 높이는 교육정책이 다름 아닌 통일준비교육의 시작이다.

이상 제안한 5가지 세계시민교육의 방향은 학생들에게 지구촌의 세계시민으로서 갖추어야 할 자질과 역량을 함양시킬 목적으로 제시한 당면과제들이다. 필요한 자질과 역량이란, 자유·평등·존엄·정의 같은 보편적 가치의 존중, 인종·문화·종교를 초월한 인류공동체 의식, 공감과 갈등 해결의 의사소통기술, 공동선을 추구하는 파트너십, 창의적이며 비판적인 인지기술 등을 의미한다.

이러한 세계시민교육이 학교 현장에 성공적으로 구현되기 위해서는 지금의 한 줄 세우기 대학수학능력시험, 교사주도형 교실수업과 상대평가, 국어, 영어, 수학 등 분절된 교과목 수업, 과도한 사교육 의존 등의 교육체제와 교육방식은 획기적으로 바뀌어야 한다. 경쟁교육의 원흉인 대학수학능력시험 제도는 과감히 폐지하고 독일의 아비투어(Abitur)나 프랑스의 바깔로레아(Baccalaureate)처럼 자격시험을 도입해야 한다. 그리고 교육과정을 다양하게 운영하는 특성화된 학교를 확대하고, 학생들에게는 자신의 진로에 적합한 융복합교과목을 가르쳐야 한다. 또한, 단위학교의 운영체제는 교원 중심에서 학교 교육공동체가 함께 운영하고 지역공동체가 학교를 지원하는 마을결합형학교 형태의 교육거버넌스체제로 전환되어야 한다.

미래교육으로서의 세계시민교육은 학생을 직접 지도하는 선생님들의 관심과 자발성 없이는 학교 현장에서 구현되기 어렵다. 정부와 시도교육청은 그분들의 열정과 헌신을 유도하는 정책과 제도 도입이 최우선 정책과제임을 명심하고 다각적으로 진지한 고민을 해야 한다.

토론 및 발표 50분

방식 | 원탁토론 및 질의응답

대주제 | 세계시민교육의 효과성 제고 방안

소주제

1. 세계시민성의 개념에 대하여 다시 한번 생각해 보고, 본인의 세계시민성 핵심역량은 무엇이지 발표해 보자.

2. 대한민국의 세계시민교육은 UN의 지속가능발전 목표 17(SDGs) 중에서 어떤 과제에 역점을 두어야 할까?

3. 현재의 세계시민교육의 문제점은 무엇이고 어떤 방향성을 가져야 하는가?

4. 세계시민교육으로서의 생태전환교육과 디지털시민교육의 필요성을 한 분씩 이야기해 보자.

평화로 가는 길은

이해인

이 둥근 세계에 평화를 주십사고 기도합니다
가시에 찔려 피나는 날로 더해갑니다

평화로 가는 길은 왜 이리 먼가요
얼마나 더 어둡게 부서져야 한 줄기 빛을 볼 수 있는 건가요

멀고도 가까운 나의 이웃에게
가깝고도 먼 내 안의 나에게
맑고 깊고 넓은 평화가 흘러
마침내는 하나로 만나기를 간절히 기도하며 울겠습니다

얼마나 더 낮아지고 선해져야 평화의 열매를 하나 얻을지
오늘은 꼭 일러주시면 합니다

III 각론

CHAPTER

III 각론

1 아동학대·학교폭력 예방 및 근절 방안

학습 목표	만 18세 미만의 아동학대와 초중고등학교의 다양한 학교폭력은 우리 사회의 심각한 문제이다. 차별과 폭력 없는 평화로운 가정과 시민사회를 만들기 위해서는 학교의 교육자와 마을 교육활동가들의 역할은 필수불가결하다. 본 수업에서는 소통과 존중의 인권친화적인 사회를 만들기 위한 목적으로 교육자들의 인권의식 강화와 인권교육의 전문성 함양함을 목적으로 한다.
학습 내용	- 아동학대의 유형과 관련법의 이해 - 학교폭력의 실태와 유형 - 인권교육의 방향과 과제
학습 방법	질의응답식 강의, 동영상 시청 및 소감 발표, 분임토론 및 원탁토론

단계	교수·학습 활동	시간	자료
도입	사건·사고 뉴스 및 기관 제작 영상 등 제공	10분	동영상
	참석자 개인별 소감 언급	10분	
전개	영역1 아동학대의 유형과 관련법의 이해	30분	Slide 블로그 유튜브
	영역2 학교폭력의 실태와 유형 및 사이버폭력	30분	
	휴식 10분		
	영역3 인권교육의 기본방향과 실천과제	30분	
정리	토론 주제: 폭력 없는 평화로운 학교와 시민사회 만들기	30분	전지 포스트잇
	분임별 발표 및 질의·응답	20분	
	정책 제안	10분	

* 영역별로 나누어진 30분은 내용에 따라서 변동이 가능함

도입 20분

slide 1

유엔아동권리협약

Youtube에서 Keyword '유엔아동권리협약'을 검색하고 해당 동영상 시청

https://www.youtube.com/watch?v=_iHN-zb7jro

여러분, 유엔아동권리협약에 관한 동영상을 시청하시고 이 동영상에서 가장 인상 깊었거나 기억할 만한 내용을 한 분씩 짧게 이야기해 봅시다.

- 1989년 11월 20일, 전 세계 지도자들은 유엔아동권리협약*이라는 만 18세 미만의 아동을 위한 역사적 약속을 이뤄냈다. 유엔아동권리협약은 우리나라도 1991년에 비준한 인권조약으로, 어린이의 삶의 질을 높이고 있다.
- 이 협약은 전문과 54개 조항으로 구성되며 제1조부터 42조까지 실제적인 아동권리 내용을 담고 있으며 모든 권리들은 서로 연관되어 있다. 유엔은 아동권리협약을 보완하는 3개의 선택의정서도 발표하였다.
- 유엔아동권리협약은 현재 우리나라를 포함하여 전 세계의 가장 많은 국가들(2016년, 196개국)이 가입한 국제법이다. 우리나라는 대한민국 헌법 제6조 1항 '헌법에 의하여 체결 공포된 조약과 일반적으로 승인된 국제법규는 국내법과 같은 효력을 가진다'에 의거하여 이 협약의 내용은 반드시 준수하여야 한다.

유엔아동권리협약의 4대 아동권리

1. 생존권: 안전한 주거지에서 충분한 영양을 섭취하며, 보건서비스를 받을 권리
2. 보호권: 모든 학대, 차별, 폭력, 과도한 노동, 성폭력으로부터 보호받을 권리
3. 발달권: 교육 받을 권리, 여가와 문화생활 권리, 양심 및 종교의 자유 등
4. 참여권: 의견을 말하고 존중받을 권리, 표현의 자유와 사생활 보호 등

영역 1 30분

slide 2

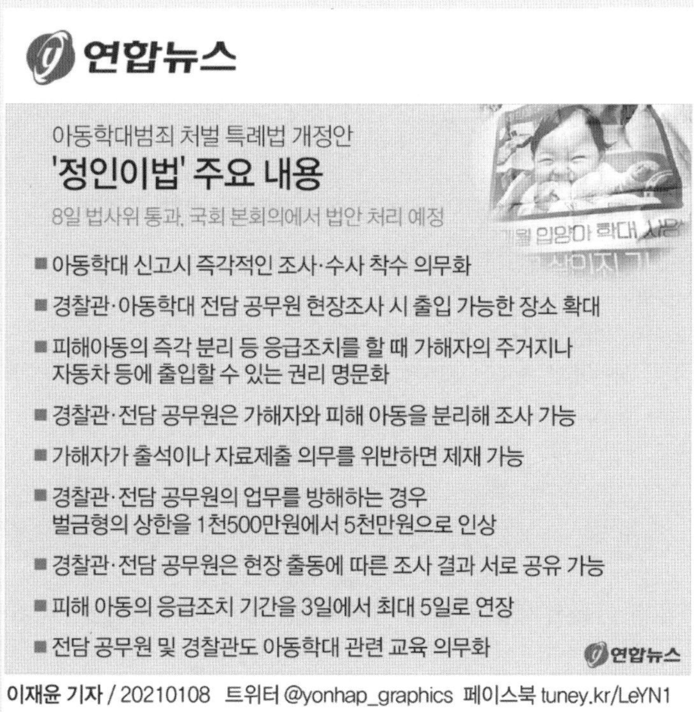

◎ 아동학대범죄 처벌에 관한 특례법인 '정인이법'이 발표되었다. 16개월밖에 안 된 정인이가 양부모에게 입양되어 학대를 받다가 비참하게 사망한 사건이니 언론보도를 참고하여 정인이법에 대하여 이야기를 나눈다.

◎ 대한민국은 아동학대*가 심각한 나라이다. 왜 그럴까? 그 이유가 무엇일까? 수업에 들어가지 전에 참여자들의 의견을 들어 본다.

> **◎ 아동복지법 제3조(정의)**
>
> "아동학대"란 보호자를 포함한 성인이 아동의 건강 또는 복지를 해치거나 정상적인 복지를 저해할 수 있는 **신체적, 정신적, 성적 폭력이나 가혹행위**를 하는 것과 아동의 보호자가 아동을 **유기하거나 방임하는** 것을 말한다.

slide 3

아동학대

- 아동학대의 종류: 신체학대, 정서학대, 성학대, 방임 또는 유기
- 가정폭력의 유형에서 아동학대는 65.8%, 아동학대의 81.8%는 보호자* (2013. 경찰청) https://blog.naver.com/herrihm103/221146562120

'아동복지법' 및 '아동학대범죄의 처벌에 관한 특례법'

- 3일 이상 무단결석 학생 신원 확인 및 의무 가정방문
- 아동학대 신고의무 시설, 단체, 기관 및 신고자 지정
  *** 교사 및 강사는 의무신고자**
  (2021.1.18. **'정인이법'** 통과로 불이행 시 500만 원에서 1000만 원 이하의 과태료 부과)
- 피해아동 긴급보호 및 치료(보호시설 격리 및 전학)
- 검사는 법원에 친권행사의 제한 및 친권상실 선고 청구

◎ 아동학대의 종류는 아동복지법에 의거 신체학대, 정서학대, 성학대, 유기 또는 방임으로 구분한다.

◎ 아동학대범죄의 예방과 근절을 위하여 공교육기관인 초중고등학교에서는 3일 이상 무단결석을 하는 학생에 대하여 의무적으로 신원 확인을 해야 한다. 만일에 아동학대 사실을 인지하면, 교사 또는 강사의 경우는 법으로 의무신고자이어서 반드시 경찰이나 아동보호전문기관에 신고하여야 한다.

◎ 의무신고자가 신고하지 않으면, 500만 원에서 1,000만 원 이하의 과태료를 부과받게 된다.

◎ **아동복지법 제3조(정의) 제3항**

'보호자'란 후견인, 아동을 보호·양육·교육하거나 그러한 의무가 있는 자 또는 업무·고용 등의 관계로 사실상 아동을 보호·감독하는 자를 말한다.

slide 4

아동학대의 유형

1. 신체적 학대

- 손, 발, 도구를 사용하여 직접적으로 신체에 가하는 행위
- 신체에 유해한 물질로 신체에 가하는 행위
- 완력을 사용하여 신체를 위협하는 행위(밀어붙이거나, 쓰러뜨리는 행위 등)

2. 정서적 학대

- 언어폭력 행위(무시. 침묵, 소리 지르기 등)
- 비현실적인 기대 및 강요하는 행위
- 종교를 강요하는 행위
- 비교·차별·편애·왕따시키는 행위
- 정서적 위협(공포 분위기 조성, 가두기, 쫓아내기 등)

현행법으로 체벌 금지

- 아동복지법 제5조 2항
  아동의 보호자는 아동에게 신체적 고통이나 폭언 등의 정신적 고통을 가하여서는 아니 된다
- 초중등교육법 제18조 1항
  학생의 징계와 관련하여, 학교의 장은 교육상 필요한 경우 법령과 학칙으로 정하는 바에 따라 학생을 징계할 수 있음
- 초중등교육법시행령 제31조 8항
  징계를 할 경우, 도구, 신체 등을 이용하여 학생의 신체에 고통을 가하는 방법을 사용하여서는 안 됨 **(간접체벌과 폭언도 체벌로 간주)**

(참고) 2020.11.19. 민법의 915조(징계권) 삭제
"친권자는 그 자를 보호 또는 교양하기 위하여 필요한 징계를 할 수 있다."

slide 5

아동학대의 유형

3. 성적 학대

- 성적인 만족을 위하여 아동의 신체를 관찰하거나 노출 시키는 행위
- 성관계 장면이나 음란물을 노출 시키는 행위
- 신체 부위 추행, 유사성행위를 하는 행위
- 성매매를 시키거나 매개하는 행위

4. 유기 및 방임

- 물리적 방임: 의식주 미제공, 상해(위협)로부터 보호하지 않음. 출생신고 안함
- 교육적 방임: 학교로 보내지 않거나 무단결석 방임
- 의료적 방임: 필요한 의료처리를 하지 않음
- 유기: 아동을 버리는 행위. 병원에 입원시키지 않고 사라지는 행위

◎ 아동에게 소리를 지르며 공포 분위기를 조성하는 언행도 정서학대에 속한다는 교육이 필요하다.

◎ 아울러 학교를 보내지 않거나 굶기거나 아픈데 치료를 하지 않는 것도 방임학대에 해당함을 강조해야 한다.

slide 6

아동학대, 아동학대범죄, 학교폭력 비교

구분	아동학대	아동학대범죄	학교폭력
관련 법령	아동복지법	아동학대범죄의 처벌 등에 관한 특례법 (정인이법)	학교폭력 예방 및 대책에 관한 법률
가해자	보호자를 비롯한 성인	보호자	제한 없음
피해자	18세 미만 아동	18세 미만 아동	학생

- 아동학대와 아동학대범죄는 관련 법령이 다르다. 아동학대는 아동복지법으로 다루고, 또한, 아동학대의 가해자는 보호자뿐만 아니라 모든 성인에 해당된다.
- 학교폭력 예방 및 대책에 관한 법률은 초중고등학교 학생을 대상으로 적용하는 법률이어서 어린이집이나 유치원에 다니는 아동 대상 폭력은 학교폭력으로 다루지 않는다.

학대받는 자녀, 직접 '친권상실 청구' 가능

1991년에 제정된 가사소송법은 부모 중심으로 설계된 자녀 양육 관련 소송절차이었으나, 2022년 5월에 학대를 받는 미성년 자녀가 부모를 상대로 직접 법원에 친권상실 청구를 할 수 있는 개정안이 입법 예고되었다.

법에 근거한 호칭과 연령 기준

법	호칭	연령 기준
아동복지법, 유엔아동권리협약	아동	만 18세 미만
서울학생인권조례	학생	만 3세 이상 ~ 만 18세 미만
청소년기본법	청소년	만 9세 이상 ~ 만 24세 이하
청소년보호법	청소년	만 19세 미만
민법	미성년자	만 19세 미만
소년법	소년	만 19세 미만
근로기준법	연소자	만 18세 미만

(참고)

「영유아보육법」은 보육시설에서의 0세부터 만 6세 미만의 영유아 보육문제를, 「유아교육법」은 유치원에서 만 3세부터 초등학교 취학 전 아동에 대한 교육문제를, 그 밖에 「아동복지법」은 0세부터 만 18세까지 가족 등으로부터 소외된 불우한 아동에 대한 보호·양육문제를 다루는 등 영유아 및 아동의 보육과 교육은 다수의 법령으로 구분되어 있다.

출처: 아동, 청소년, 학생의 법적 연령, 작성자 교육내시경

| 아동학대 근절을 위한 정책 제안 |

하루가 멀다고 발생하는 아동학대에 관한 언론보도를 일일이 열거하고 싶지 않다. 너무도 끔찍하고 황당한 사건들이기 때문이다.

자살의 90%는 타살이라는 말이 있다. 자살의 원인이 자신의 문제보다는 부모나 친구에 의한 스트레스와 우울증이라면 그렇게 말할 수 있다. 인권감수성이나 생명존중의식이 낮은 사회에서는 사람이 사람을 죽게 하는 상황은 수시로 발생한다.

보건복지부가 발표한 '2018년 아동학대 주요통계'에 따르면 아동학대 총 24,604건 중에서 가해자는 부모가 76.9%이다. 친인척(4.5%)과 대리양육자(15.9%)까지 포함하면 아동보호의 의무자인 친권자의 학대는 97.3%이다. 부모의 아동학대가 심각하고, 자녀의 삶의 만족도가 낮고 자살률이 가장 높은 우리나라는 아이들이 행복하지 않은 나라임이 분명하다.

그동안 정부는 자살로까지 이어지는 심각한 학교폭력을 줄이기 위한 노력에 역점을 두어왔다. 이명박 정부는 '학교폭력 근절 종합대책'(2012. 2. 6.)을, 박근혜 정부는 '현장 중심 맞춤형 학교폭력 대책'(2013. 7. 23.)을 발표하고 범부처 차원에서 학교폭력 근절을 위한 다양한 노력을 하고 있어 학교폭력 건수는 상당히 줄어들었다. 그러나 여전히 초중등학교는 학교폭력으로 교육과정 운영에 어려움을 겪고 있다. 언어폭력, 사이버 따돌림, 사이버 성폭력 등 학교폭력 유형이 집단화되면서 오프라인뿐만 아니라 온라인으로까지 확대되고 있다.

학교폭력 예방 관련 기관이나 단체는 학교폭력의 주원인을 학업 스트레스, 매스컴의 음란물과 게임, 부정적인 또래 문화, 가정경제의 어려움 등으로 분류하고 있다. 그러나 학교에서 심각한 문제행동을 보이는 고위험군 학생들을 수년간 가르치고 상담하는 선생님들은 학교폭력의 근원적 원인은 가정의 붕괴된 교육력에 있다고 생각한다.

필자도 교장을 하면서 학교폭력으로 강제전학을 온 학생들이나 보호관찰을 받고 있는 학생을 4년간 전담하면서 멘토 역할을 한 경험이 있다. 수십 명의 학생을 대상으로 심층상담을 하였는데 그들의 부모는 모두 이혼 또는 별거 생활을 하고 있었다. 이런 학생들은 거의 대부분 가정에서 정서적 학대나 방임학대를 받으면서 생활하고, 부정적인 정서를 갖고 있어 쉽게 학교폭력에 연루된다. 그러다가 심각한 학교폭력 사안이 생기면 학교를 떠난다. 그래서 현재 우리나라에는 가정에서 방치되고 학교는 다니지 않는 학교 밖 청소년이 대략 40만 명이나 된다.

가정폭력과 학교폭력을 별개로 생각해서는 안 된다. 그리고 학교폭력의 해결을 학교에만 주문해서도 안 된다. 이제는 가정 바로세우기 운동(Home Bilding Movement))에 역점을 두어야 한다. 아이들은 집을 여인숙이라고 하며 부모와의 대화를 공지사항 대화, 찬스 대화라고 한다. 그들의 유일한 친구는 스마트폰이다. 그래서 청소년의 25% 이상이 스마트폰 중독에 걸려있다는 통계도 있다. 2015년 OECD가 발간한 '2015 삶의 질(How's life?)' 보고서에 의하면 아이들이 아빠와 보내는 시간이 하루 6분이라고 한다. 또한, 학교의 학부모의 날(Parents Evening Day)에 아버지는 오지 않는 나라는 유일하게 우리나라뿐이다.

하루속히 국가적 차원에서 무너진 가정의 교육력을 바로 세우는 데에 역점을 두어야 한다. 우리나라는 OECD 국가 중에서 이혼율이 가장 높고 1인 또는 2인 가정이 급증하는 상황에 처해 있다. 이런 추세라면 가정의 교육력은 더욱 저하될 것이고, 아동학대는 증가할 것이다. 18세 미만의 아동은 유엔아동권리협약, 헌법, 아동복지법, 교육기본법에 명시되어 있듯이 부모의 소유물이 아니라 존중받아야 할 인격체이다. 그래서 국가는 아동의 인권을 존중하고 보호해야 하며 교육과 복지를 책임져야 한다.

교육자의 한 사람으로서 결손가정(broken family)의 부모에 의해 발생하는 심각한 아동학대를 근절할 수 있는 정책을 몇 가지를 정부에 제안한다.

첫째, 예비부부 교육을 하자.

혼인을 앞둔 커플들에게 예비부부 교육을 60시간 정도 이수한 이수증을 제출하도록 법제화하는 것이다. 군인, 직장인 등 결혼을 약속한 젊은이들이 원만한 결혼생활과 자녀의 돌봄교육(educare)을 할 수 있는 기본적인 소양을 갖추도록 국가에서 서비스를 제공을 하자는 것이다. 그러면 아이를 낳기만 하고 제대로 키우지는 못하는 아타까운 상황은 현저히 줄어들 것이다.

둘째, 새내기 학부모 교육을 하자.

유치원과 초등학교에 자녀를 입학시키는 학부모는 의무적으로 평일 저녁 또는 토요일이나 일요일을 이용하여 학교 이해교육, 인권교육, 에니어그램, 커뮤니케이션 스킬, 감정코칭 등의 부모교육을 30시간 이수하도록 한다. 이수하지 않으면 과태료를 내도록 하며, 이수하기 전까지는 일정기간 자녀 보육비나 급식비를 국가에서 유예하는 방안도 고려할 수 있다.

셋째, 학부모의 학교 의무방문제를 도입하자.

학교에서 공식적으로 학부모의 날(Parents Evening Day)을 개최할 때, 또는 학생의 무단결석이나 학교폭력 등 심각한 문제행동에 대하여 부모면담을 요구할 시, 학부모는 반드시 학교를 방문하도록 하는 제도를 만들자는 것이다. 현재 학교에서 학부모에게 상담을 요청하면 시간 없다고 학교를 오지 않거나 올 수 없다고 한다. 오히려 학교에 책임을 돌리는 어처구니 없는 일도 발생한다. 선진국에서는 자녀의 문제로 학교를 방문해야 할 때는 사업장에서 공가를 얻을 수 있다고 한다. 우리나라도 단순노무직이건 시간제 근로자이건 학교에서 요구하는 방문 요청에 반드시 응할 수 있도록 공식적인 휴가를 받도록 해야 한다. 그래야 학교와 가정이 함께 협력적으로 자녀교육을 하는 교육문화가 조성될 것이다.

넷째, 정부는 아동학대 근절을 위한 거버넌스를 구축해야 한다.

아이들이 행복한 가정을 만드는 일은 개개의 가정에만 맡길 수 없다. 가정의 자녀 양육과 교육을 위한 부모들의 능력에는 한계가 있기 때문에, 정부가 나서야 한다. 크게 두 가지의 문제를 정부 부처에서 힘을 모아 해결해야 한다. 하나는 초등생 3명 중 1명이 방과 후에 홀로 방치(제3차 가족실태조사서, 여성가족부)되어 있다는 사실이며, 또 하나는 학교 밖 청소년이 40만 명이나 된다는 사실이다. 이 두 가지 문제가 해결되지 않으면 가정폭력도 학교폭력도 근본적으로 근절할 수 없다. 이 두 가지 문제의 해결은 국민행복시대를 지향하는 국가의 당면과제이자 책무이다.

학교 밖 청소년 문제는 여러 기관, 단체, 시설에서 나름대로 많은 노력을 하고 있으나, 줄어들지 않고 있다. 그 이유는 정보 공유와 관리 등의 공조체제가 구축되어 있지 않기 때문이다. 학교는 고위험군 학생 관리를 철저히 하여 공교육을 이탈하지 않도록 노력해야 하고 어쩔 수 없는 원인으로 학교를 이탈한 경우에는, 그 학생의 신변 안전과 돌봄교육을 위하여 정보관리 네트워크를 구축해야 한다.

경찰은 학교에 있어야 할 학생이 길거리나 공원을 배회하는 일이 없도록 하고, 그러한 학생을 목격하면 즉시 그 배회 원인을 찾아 학교나 집으로 보내는 Gate Keeper 역할을 충실히 해야 한다. 그리고 학생 가출이 가정폭력이 원인인 경우, 학생을 격리보호하고 그 부모를 구속 수사할 필요가 있다. 구청이나 건강가정지원센터는 학교 밖 청소년의 가정에 대해 경제적 또는 교육적 지원을 해야 한다. 무직인 부모의 경우 일자리를 제공하고, 그 자녀는 직업교육을 시키는 등의 적극적인 복지정책을 강화해야 한다.

현재 아동의 인권 존중과 보호를 위한 정부 주도의 거버넌스 체제 구축은 개인정보보호법에 의하여 돌봄이 절실한 학교 밖 청소년의 정보를 공유하지 못하는 한계에 봉착해 있다. 정부의 관료들은 아동폭력, 학교폭력, 데이트폭력, (사이버)성폭력, 가정폭력 등의 인권침해 문제를 디테일하게 분석하여 효과적인 해결방안을 찾아야 한다. 문제의 핵심원인이 무엇이고 확실한 해결방안은 무엇인지 연구하지 않고 법과 제도만 도입하는 민원행정으로는 심각한 아동학대범죄를 절대로 근절할 수 없다.

출처: 네이버 블로그 〈교육내시경〉

영역 2 30분

slide 7

학교폭력이란?

학교폭력 예방 및 대책에 관한 법률 제2조(정의)

학교폭력은 학교 내외에서 학생을 대상으로 발생한 상해, 폭행, 감금, 협박, 약취·유인, 명예훼손·모욕, 공갈, 강요, 강제적 심부름 및 성폭력, 따돌림, 사이버 폭력, 정보통신망을 이용한 음란·폭력정보 등에 의하여 신체·정신 또는 재산상의 피해를 수반하는 행위

참고1: 성폭력이란 성희롱, 성추행, 성폭행을 포함한 개념으로 상대방의 의사에 반하여 성을 매개로 가해지는 신체적, 언어적, 정신적 폭력을 모두 포함함

참고2: 성희롱이란 업무, 고용, 그 밖의 관계에서 공공기관의 종사자, 사용자 또는 근로자가 그 직위를 이용하여 또는 업무 등과 관련하여 성적 언동 등으로 성적 굴욕감 또는 혐오감을 느끼게 하거나, 성적 언동 또는 그 밖의 요구에 따르지 아니한다는 이유로 고용상의 불이익을 주는 행위를 말한다.

- 학교폭력이나 인권 문제를 다루는 강사들은 학교폭력의 정의를 정확히 알고 있어야 한다. 학교폭력의 개념은 2012년에 '학교 내에서 학생 간 발생한'에서 '학교 내외에서 학생 대상으로 발생한'으로 변경되었다.
- 학교폭력의 정의가 바뀌면서 학교에서는 학교폭력 관련 업무가 급증하였다. 학생이 학교 밖의 학원이나 공원에서 폭력을 당해도 학교 내외에서 발생한 폭력임으로 학교에서 처리를 신속하게 해야 한다. 그리고 학생에게 폭력을 행사한 가해자가 교사, 부모, 일반인이이어도 학생 대상으로 발생한 폭력임으로 학교에서 피해학생 보호를 위한 조치를 신중히 하여야 한다.
- 학교폭력 유형은 15가지이다. 그 중에 성폭력도 포함이 된다. 성폭력은 별도의 성폭력 관계법이 존재하지만, 학교에서도 빈번하게 성희롱, 성추행, 성폭행이 발생함으로 학교폭력의 범주에 포함된 것이다.
- 성폭력은 다른 폭력과는 달리 신속한 조사를 하기 위하여, 학교에서는 즉시 경찰에 신고하도록 되어 있다. 성폭력 신고는 주로 학교 담당 스쿨폴리스에게 신고를 한다.
- 참고로 직장 내 성희롱은 민법으로 다루지만, 학교에서의 성희롱은 학교폭력으로 다룬다.

학생들의 문제행동 원인

1. 경쟁사회

- 생산성 경쟁, 점수 경쟁, 출세 경쟁
- 학력·학벌중심 사회에서의 시기심, 경쟁심, 증오심, 적대감, 소외감으로 인한 부정적 자아 개념

2. 생명경시사회

- 소파수술, 영아유기, 생명복제, 동물학대, 학교폭력, 자살, 존속살인
- 게임 및 폭력 영상물 범람으로 인명경시 풍토 확산

3. 물질숭배사상(황금만능주의)

- 생명보다 물질의 가치가 더 중요하여 인간성은 물질에 가려짐
- 청빈생활, 근검절약생활은 초라해 보임
- 돈 많은 자의 갑질과 비인간적 행동 만연

4. 결과중시사회

- '모로 가도 서울만 가면 된다'는 식으로 수단과 방법을 가리지 않고 성과와 결과만 중시
- 도덕성 불감증의 사회지도자 양산
- 가시적 결과 중시로 과정의 부조리와 부정부패 만연

5. 가정교육 부재

- 고통과 고난은 삶의 일부이나 3D 기피
- 과잉보호와 자유방임. 자녀의 필요(need)와 욕구(want)를 무절제하게 충족시켜 줌
- 부모교육을 받지 못한 아동 증가. 규범과 질서의식 부족.

6. 인간관계 와해

- 소통과 공감 관계 실패(관계 단절)로 반항, 협박, 폭력 증가
- 어른의 경험과 지식은 자녀세대에 불필요, 무용지물, 기존 가치상실
- 자녀와 부모, 교사와 제자의 관계는 사무적 형식적 관계

7. 무분별한 대중매체

- 스마트폰 중독
- 폭력 게임, 폭력 만화와 영화로 인한 모방행동, 성폭력, 학교폭력 등 범죄 유발
- 익명성으로 인한 모욕, 명예회손, 성희롱 등 무책임한 행동 증가

출처: 네이버 블로그 〈교육내시경〉

slide 8

학교폭력 관련 법과 정책

- 2004년 학교폭력 예방 및 대책에 관한 법률 제정
- 2012년 2월 '학교폭력 근절 종합대책' 수립
- 2013년 6월 '성폭력 방지 종합대책' 수립
- 2013년 6월 '가정폭력 방지 종합대책' 수립
- 2013년 7월 '현장 중심 학교폭력 대책' 수립
- 2014년 '제3차 학교폭력 예방 및 대책 기본계획' 수립
- 2018년 12월 학교폭력대책자치위원회 개선안 발표
- 2019년 9월 학교폭력 예방 및 대책에 관한 법률 일부 개정

◎ 학교폭력 예방 및 대책에 관한 법률(일명, 학교폭력법)은 2004년에 제정되었고, 정부 차원에서 3대 폭력인 학교폭력, 성폭력, 가정폭력을 근절하기 위한 대책을 2012년부터 연이어 발표하였다.

◎ 특히, 2012년 2월 6일에 발표한 '학교폭력 근절 종합대책'은 12개의 관계부처가 합동으로 수립한 정책으로 학교에서의 폭력을 근절하려는 강력한 의지를 보여주었다. 종합대책에는 학교에서 학교폭력을 은폐·축소하면 중징계를 한다는 내용을 비롯하여, 가해학생 조치 기록은 학생부에 기록하고 졸업 후 5년(지금은 2년)까지 남기며, 가해학생 부모도 의무적으로 특별교육을 이수해야 하며 불이행 시 300만원 이하의 과태료*를 부과한다는 등 폭력은 범죄라는 인식을 갖도록 하는 다양한 조치들이 담겨 있다.

◎ 학교폭력법은 학교 교육활동의 어려움을 해소하기 위하여 문재인 정부에서 2019년 9월과 2020년 3월에 내용이 일부 제개정되었다.

◎ 범칙금과 과태료의 차이

범칙금은 행정관청에서 부과하는 것으로, 그 행위가 비록 형사처벌 대상이라고 해도 범칙금을 납부하면 형사처벌을 받지 않는다. 전과자의 양산을 막고 검찰과 법원의 업무 부담을 줄이고자 도입한 제도이다.

(예) 도로교통법을 위반하면 범칙금 납부통지서를 받게 됨

과태료는 행정질서벌이라고도 하는데, 주로 행정 목적을 달성하기 위하여 만든 규정을 위반하였을 때에 부과한다.

(예) 금연구역에서의 흡연, 학교폭력 가해학생 부모의 특별교육 미이수, 근로자의 직장 내 성희롱에 대한 사업주의 보호조치 위반(3백만 원 이하) 등

slide 9

학교폭력법 일부 개정 내용

1. 교육지원청에 학교폭력대책심의위원회 설치

- 10명 이상 50명 이내, 학부모위원은 3분의 1 이상 위촉

2. 경미한 학교폭력 사안은 심의위원회를 개최하지 않고 학교장 자체 해결

(참고) 경미한 사안이란?

1. 2주 미만의 신체적·정신적 피해
2. 재산상의 피해가 없거나 즉각 복구된 경우
3. 지속적인 사안이 아닌 경우
4. 보복행위가 아닌 경우

3. 가해학생 조치 1~3호는 학생부 기재하지 않고 유예함

(참고) 독일의 학교폭력 대응
https://blog.naver.com/herrihm103/221265078929

- 학교폭력 사안은 2020년도부터는 학교의 학교폭력대책자치위원회에서 하지 않고 교육지원청에 설치된 학교폭력대책심의위원회에서 피해학생 보호와 가해학생 조치를 한다. 법률이 개정되면서 학교에 있던 자치위원회가 없어지고 교육지원청에 심의위원회가 생긴 것이다.

- 경미한 학교폭력 사안은 심의위원회에 회부하지 않고 학교에서 학교장 자체 해결을 한다. 경미한 사안이라는 개념은 법률에 4가지로 명시되었다. 그동안 학교폭력 사안은 경중을 가리지 않고 가·피해학생 조치를 위원회에서 하였으나, 법 개정 이후에는 경미한 사안인 경우 관계회복을 위한 상담으로 교육적인 해결을 한다. 이것이 학교장 자체해결이다.

  (참고) 학교장 자체 해결은 경미한 학교폭력 사안일지라도 피해학생과 피해학생 부모가 위원회 개최를 요구하면 할 수 없다.

- 또한, 학교폭력대책심의위원회에서 가해학생에게 조치한 1호(서면사과), 2호(접촉, 협박 및 보복행위 금지), 3호(학교에서의 봉사)는 학생부에 기록하지 않고 졸업시 까지 유보한다. 개선의 기회를 한번 주는 것이다. 다만, 해당 학생이 또 다시 학교폭력에 가담한 경우에는 유보된 내용까지 학생부에 기재한다.

| 학교폭력 사안처리의 핵심은 관계회복 |

학교폭력 예방 및 대책에 관한 법률(이하, 학교폭력법)이 개정되면서, 2019년 9월부터 경미한 학교폭력 사안은 학교장 종결처리를 하고 있으며, 2020년 3월부터는 경미하지 않은 폭력 사안은 교육지원청에 설치된 학교폭력대책심의위원회(이하, 심의위원회)에서 처리한다.

그동안 초중고등학교는 학교폭력 사안이 경미하든 아니든 학교에서 학교폭력대책자치위원회를 열어야만 했다. 그러나 이제 학교폭력이 발생해도 학교는 자치위원회를 열지 않아도 됨으로 실제로 큰 부담은 사라졌다.

그렇지만 학교장 자체해결과 교육지원청 주관 심의위원회 개최가 학교에 힘을 실어준 조치임에는 분명하나, 그러한 새로운 제도는 학교에 교육적 책무성을 더욱 강조하고 있다는 사실을 간과해서는 안 된다. 법 개정의 근본 취지는 학교폭력 사안처리 방법을 응보적·사법적 조치보다는 회복적·교육적 조치로 전환하려는 교육의 본질과 학교의 역할을 강조한 것이다.

학교의 선생님들은 학교장 종결로 처리되었든 교육지원청의 심의위원회에서 결정한 조치이든, 관련 학생들(피해학생과 가해학생) 대부분은 졸업할 때까지 학교에서 함께 생활을 해야 하므로 상호 간의 관계회복이 무엇보다 중요함을 인식하여야 한다.

이제 초중고등학교는 학교폭력 사안처리의 기존 패러다임을 바꾸어야 한다. 크게 2가지 시스템이 충실히 가동되어야 한다. 하나는 학교폭력 전담기구의 활동이며, 다른 하나는 학교폭력 관련 학생에 대한 관계회복 활동이다. 학교폭력 전담기구는 법에 명시된 학교폭력 예방활동에 역점을 두어야 하며 사안이 발생하였을 때는 디테일한 조사와 처리에 최선을 다하여야 한다. 그리고 학교 나름대로 조직한 관계회복을 위한 상담기구는 부서 간 협력적 관계를 유지하면서 체계적이며 전문적인 상담 활동을 수행해야 한다.

하루속히 학교는 변화하는 사회의 트렌드와 시대정신에 조응하는 교육을 하여야 한다. 학생은 교복입은 시민이고 학교는 시민사회이다. 선생님들은 학생을 보는 관점과 학생 생활교육 방법을 획기적으로 바꾸어야 한다. 문제행동의 유형을 정하여 벌점을 주고, 벌점이 누적되었을 때 선도위원회를 여는 상벌점제나 단속·징계의 징벌적 생활지도 방식은 구시대적인 교육방식이다. 문제행동을 하는 학생 지도는 시간은 소요되겠으나 학생 스스로 행동변화를 할 수 있도록 대화·상담의 회복적 생활교육 방식으로 시도해야 한다.

경미한 학교폭력 사안은 학교의 자구노력으로 해결하도록 하고, 심각한 학교폭력 사안은 교육지원청이 전담하도록 학교폭력법이 개정된 것은 환영할 만한 일이다. 그러나 이러한 법 개정이 학교의 상담시스템 활성화와 학교의 토론문화 정착에 기여하는 계기가 되어야 할 것이다.

출처: 네이버 블로그 〈교육내시경〉

slide 10

2020년 학교폭력 실태 조사

- 교육부 초4 ~ 고2 재학생 전체 약 357만 명 온라인 전수조사 -

- 학교폭력 피해학생
  초등학교 1.8%, 중학교 0.5%, 고등학교 0.2%
- 피해유형별 비중
  언어폭력 33.6%, 집단따돌림 26.0%, 사이버괴롭힘 12.3%, 스토킹 6.7%,
- 학교폭력 발생 원인
  단순장난 17.7%, 마음에 안 들어서 13.0%, 다른 친구도 하니까 8.6%, 화풀이 7.8%

◎ 학교폭력 사안은 2012년 학교폭력 근절 종합대책이 발표된 이후. 정부와 학교의 노력으로 발생 비율이 줄어들고는 있다. 그러나 여전히 공교육기관인 학교에서 다양한 학교폭력이 발생하고 있음은 교육부의 실태조사를 보면 알 수 있다.

◎ 학교폭력은 3, 4년 전에는 중학교에서 많이 발생하였으나 이제는 초등학교 5,6학년에서 가장 많이 발생하고 있다. 우리 교육자들은 이와 같이 학교폭력이 저연령화되고 있음을 간과해서는 안 된다.

◎ 피해 유형도 스마트폰 보유율이 증가하면서 언어폭력과 사이버폭력은 다른 유형의 폭력보다 증가 추세에 있다.

◎ 가장 심각한 문제는 학교폭력 발생 원인이다. 가해학생들이 학교폭력을 하는 이유는 '단순장난으로', '마음에 안 들어서', '다른 친구도 하니까'이다. 학생 두 명 중에 하나는 폭력이 범죄라는 인식보다는 그냥 심심해서 장난으로 하는 것이다. 이러한 학생들의 인식을 그대로 방치하면 우리 사회는 폭력사회라는 오명에서 평생 벗어날 수 없다.

◎ 폭력 없는 평화롭고 행복한 학교를 만든다는 것은 다름 아닌 인권친화적인 학교문화를 만드는 것이다. 교육이 사회를 바꾼다. 안전, 정의, 인권의 가치를 중시한 학교 교육 활동이 절실한 상황이다.

slide 11

학생들의 이런 항변을 어떻게 생각하는가?

질문1 장난도 폭력인가?
심심해서 툭툭치고 농담을 했는데 그게 학교폭력인가?

질문2 칭찬도 폭력인가?
여친이 S라인이고 가슴도 예쁘다고 카톡방에 올린게 성희롱인가?

질문3 사실 전달도 폭력인가?
친구가 남친과 헤어진 사실을 카톡방에서 말한 것이 명예훼손인가?

질문4 동정도 차별인가?
장애인이 불쌍해서 휠체어 밀어주고 음료수도 주었는데 차별인가?

질문5 혐오표현이 범죄인가?
싫은 감정표현은 개인의 표현의 자유이지 어째서 범죄인가요?

- 학생들은 실제로 장난으로 심심해서 툭툭 치고 때리는 것은 폭력이 아니라고 한다. 당하는 학생의 굴욕감, 모멸감, 괴로움은 전혀 생각하지 못하는 학생이 많다.
- 요즈음 학교폭력 사안 중에서 성희롱이나 성추행으로 인한 성폭력이 늘어나고 있다. 카톡방에서 특정 학생을 대상화하여 몸매, 사적 행위 등을 개념 없이 심심풀이로 공유하는 사례가 많다.
- 학생들은 허위사실을 유포하는 것만 명예훼손이 될 수 있다고 생각한다. 사실을 전달하는 것은 표현의 자유에 속한다고 생각하는 것이다.
- 대부분의 학생들은 장애인에 대한 자발적인 시혜적 행동은 차별이 아니라고 생각한다.
- 학생들 뿐 아니라 성인도 혐오표현에 대하여 문제의식을 갖지 않고 사용한다. 혐오감정은 누구나 가질 수 있으나 혐오표현은 범죄라는 사실을 알지 못한다.

slide 12

학생들의 인식을 어떻게 생각하는가?

〈피해학생 중 17.6%는 신고하지 않음〉

- 별일 아니라고 생각해서 28.5%
- 스스로 해결하려고 23.8%
- 이야기 해도 소용 없으니까 18.6%
- 더 괴롭힘을 당할 것 같아서 14.8%
- 선생님이나 부모님의 야단/걱정 때문 11.4%
- 기타 2.9%

〈목격학생 중 88.8%는 신고하지 않음〉

- 위로하고 도와주었다 36.4%
- 아무 것도 하지 못했다 34.6%
- 가해자를 말렸다 15.9%
- 알리거나 신고했다 11.2%
- 같이 괴롭혔다 1.9%

- 피해학생들 스스로 '별일 아니라고 생각해서'가 28.5%라는 사실은 무엇을 의미하는가? 일상적인 일이니 그냥 넘어가자는 것이다. 인권감수성이 바닥인 상황을 시사한다.
- '이야기해도 소용 없으니까'는 18.6%이다. 학교의 선생님이나 가정의 부모님에게 이야기 해 보았자 문제만 커진다는 생각이 크다는 것이다. 혼자 해결해야 할 문제라는 생각을 갖는다는 의미이다. 목격학생들도 그런 생각을 갖고 있다. 적극적인 해결보다는 위로해 주거나 아무것도 하지 못했다는 비율이 71%나 된다.

방관자 효과(Bystander Effect, Genovese syndrome)

1964년 미국 뉴욕의 한 아파트 단지에서 28세 제노비스가 30여 분 동안 괴한의 폭행에 살려달라고 여러 번 소리쳤으나, 어느 한 사람 도와주지 않은 참담한 살인사건에서 유래된 용어.

책임감 분산(diffusion of responsibility)

집단(군중) 속의 개인은 "나 말고도 누군가 그 상황을 도와주겠지"라고 생각하며 적극적이지 못한 행동을 한다. 이런 행동은 문제해결에 미온적인 극심한 개인주의와 인권의식이 낮은 병든 사회에서 일어나는 현상이다.

slide 13

장난이었다고?

10대 남학생들이 길거리에서 60대 할머니에게 '담배 셔틀'을 시키고, 할머니가 이를 거부하자 위안부 소녀상에 놓인 꽃으로 머리를 치며 조롱과 욕설을 하고 촬영하는 여학생은 화면 밖에서 시종 낄낄거린다.
경찰에 입건된 학생들의 폭행 동기는 '장난'이었다고 한다. (서울경제, 2021. 9. 9.)

무죄라고?

- 아이히만(Otto Adolf Eichmann): "전 지시대로 했습니다. 명령을 따라야 했죠. 사람들이 죽든 말든 명령은 수행해야 합니다. 행정적인 절차이니까요. 그 가운데 일부를 제가 맡은 것뿐입니다. 저는 무죄입니다. 전 유대인을 죽이지 않았습니다." (예루살렘 법정)
- 한나 아렌트(Hannah Arendt): "그가 유죄인 명백한 이유는 아무 생각이 없었기 때문입니다. 그는 다만 스스로 생각을 포기했을 뿐입니다. 타인의 고통을 헤아릴 줄 모르는 생각의 무능은 말하기의 무능을 그리고 행동의 무능을 낳았습니다." (악의 평범성 논리)

- 언론에서 방송한 10대 학생들의 비행상황과 제2차 세계대전의 전범자 재판 상황을 가지고 토론을 해보면 좋을 것 같다.
- Holocaust에 저항한 한나 아렌트는 전체주의의 학자로서 제2차 세계대전의 종전과 함께 나치즘, 파시즘과 같은 전체주의는 사라진 것이 아니라, 지금도 우리 사회에 여전히 전체주의의 경향이 남아 있음을 경계해야 한다고 주장하고 있다.
- 그녀는 〈악의 평범성〉을 표현한 바와 같이 인간은 1) 사고할 능력이 없거나, 2) 다른 사람의 처지에서 생각할 능력이 없거나, 3) 말할 능력이 없을 때 결국 악(전체주의)을 키운다고 하며, 전체주의를 차단하기 위해서는 〈인간의 조건〉으로 사고할 능력, 옳고 그름을 판단하는 능력이 가능한 사회가 되도록 다양성과 다원성을 인정하여야 한다고 말한다.
- 이스라엘에서 열린 아이히만 전범 재판의 스토리는 시간이 소요되더라도 참여자들에게 상세히 설명하고 편견이 차별과 폭력에 이어 제노사이드까지 확대되는 심각성을 스스로 인식하도록 교육할 필요가 있다.

학생 훈육의 7대 원칙

1. 공개적으로 하지 말라

훈육의 목적은 문제행동을 스스로 하지 않도록 하는 데 있다. 다른 사람이 있는 데서 훈육을 하면 잘못을 인정하기 보다는 자존심이 상하고 반항심이 생긴다. 아주 사소한 것이라도 제3자 앞에서 비판하지 말고 1:1로 감정코칭을 하라.

2. 훈육에 앞서 장점을 말하라

야단 맞는 자리에 불려오면 본능적으로 자기방어를 하게 되고, 말문을 열지 않고 긴장한다. 장점을 말하면 마음의 빗장을 열고 수용적 자세를 취하게 된다. 훈육은 라포 형성을 위한 시간이 필요하다.

3. 사람이 아니라 행위를 비판하라

문제행동에 초점을 맞추어 부적절한 행동이 미치는 영향에 대하여 '나 메시지'로 말하라. 훈육의 목적은 행동의 변화에 있으니 인격을 비하하는 말로 자존심을 건드리지 말라.

4. 한 번에 한 가지씩만 지적하라

지적은 한 번으로 족하다. 두 번 이상은 잔소리가 된다. 과거의 잘못을 다시 끄집어 내어 지적을 하면 대화는 단절된다. 현재의 잘못에 대해서도 이런 저런 이유를 대며 잘못된 점을 분석적으로 여러 가지로 제시하여도 대화는 중단된다. 훈육을 하려다 갈등의 골만 깊어진다.

5. 개선할 점을 알려 주어라

일방적으로 잘못만 강조하지 말고 잘못을 수정할 수 있는 방법을 제안하라. 어떤 점이 왜 잘못인지를 충분히 이해하도록 하고, 그런 잘못을 하지 않으려면 어떻게 행동하는 것이 좋은지 질문하면서 조언하라.

6. 요구하지 말고 부탁하라

지시나 권유는 나의 생각을 관철하려는 입장이고 부탁은 상대방의 생각을 묻는 것이니, 자발적인 행동을 유도하려면 요구보다는 부탁을 하라. 부탁은 상대방의 자존감을 높여 준다.

7. 우호적인 분위기로 끝내라

대체적으로 문제행동을 하는 학생과 진지한 대화를 나누고 나면, 그 학생은 더 이상 문제학생으로 보이지 않는다. 훈육을 한 후에는 반드시 칭찬과 격려를 하라. 그래야 그 학생과 좋은 관계를 지속적으로 유지할 수 있다.

slide 14

사이버폭력

○ **사이버명예훼손**
- 정보통신망 이용촉진 및 정보보호 등에 관한 법률 제70조

○ **사이버모욕**
- 형법 제311조

○ **사이버스토킹**
- 정보통신망 이용 촉진 및 정보 보호 등에 관한 특례법 제74조
  * 2021. 9. 24. 온라인그루밍 처벌법(아동청소년 성보호에 관한 법률)
  * 2021. 10. 21. 스토킹범죄의 처벌에 관한 법률 시행

○ **사이버성폭력**
- 성폭력 범죄의 처벌에 관한 특례법 13조

○ **사이버따돌림**
- 학교폭력 예방 및 대책에 관한 법률

- AI 인공지능시대에서의 사이버폭력 또는 디지털폭력이라고도 하는 SNS 상에서의 온라인 폭력은 심각한 사회적인 문제이다. 특히, 지금의 초중고등학교 학생들 사이에서의 사이버 폭력은 다수의 관계망을 형성하면서 다양한 유형으로 발생하고 있어서 체계적이며 전문적인 지도가 절실한 상황입니다.
- 학생들에게는 사이버폭력의 정확한 개념과 그것이 범죄라는 인식부터 심어주는 것이 디지털리터러시(digital literacy) 교육의 최우선 과제이다.

명예훼손과 모욕죄의 차이
- 명예훼손(형법 제307조): 공연히 사실을 적시하여 사람의 명예를 훼손한 자는 2년 이하의 징역이나 금고 또는 500만 원 이하의 벌금에 처한다. 허위사실 적시는 5년 이하의 징역이나 금고 또는 1천만 원 이하 벌금
- 모욕죄(형법 제311조)는 공연히 사람을 모욕하는 자는 1년 이하의 징역이나 금고 또는 200만 원 이하의 벌금에 처한다.

| 아동청소년의 디지털성범죄 안전수칙 7가지 |

1. 나와 타인에 대한 개인정보를 올리거나 전송하지 않기

- 주민등록번호, 사진 등의 개인정보는 범죄에 악용될 수 있다.
- 타인의 개인정보를 동의 없이 올리거나 전송하는 것은 불법이다.

  * 개인정보: 이름, 나이, 성별, 사진, 주민등록번호, 휴대폰 번호, 학교명 등

2. 모르는 사람이 보낸 인터넷 링크나 파일을 클릭하지 않기

- 무심코 링크를 누른 순간 개인정보를 빼내는 해킹 파일이 설치될 수 있다.

  * 링크 예시: '너의 사진/영상이 돌아다니고 있어' 등의 메시지가 붙은 링크

3. 타인의 동의 없이 사진, 영상을 찍지도, 보내지도, 보지도 않기

- 타인의 동의 없이 사진, 영상을 촬영 전송하지 않는다.
- 타인이 촬영에 동의한 촬영물도 동의 없이 전송하면 범죄에 해당될 수 있다.
- 불법 촬영물을 발견하면 신고한다.

4. 타인의 사진, 영상에 성적 이미지를 합성하지 않기

- 성적 이미지 합성물을 제작하여 인터넷에 올리는 것은 유포범죄에 해당한다.

5. 타인의 사진, 영상을 퍼뜨리겠다고 위협하지 않기

- 인터넷, 트위터, 페이스북 등의 SNS, 친구들이 모인 단톡방 등에 타인의 사진, 영상을 올리겠다고 위협하는 행위는 범죄이다.

6. 모르는 사람이 개인정보를 묻거나 만남을 요구하면 어른에게 알리기

- 경찰, 전문기관, 변호사 등은 개인정보를 문자나 메시지로 요구하지 않는다.
- 내 사진이나 동영상을 인터넷에 공개한다면서 만나자고 하면, 어른이나 전문기관에 상의한다.
- 문화상품권, 게임 아이템, 기프티콘 등을 준다고 하는 낯선 사람을 경계하고 응답하지 않는다.

7. 촬영, 유포, 협박 등으로 두려움을 느낄 때 전문기관에 도움을 요청하기

- 두려워도 피해 내용을 삭제하지 말고 증거자료로 보관한다.
- 전문기관에 신고하면 전송된 사진 영상을 삭제하거나 추가 유출을 막을 수 있고, 수사 증거자료 수집, 심리치료, 무료 법률상담 등 도움을 받을 수 있다.
- 친구가 피해를 입을 경우 친구를 안심시키며 전문기관을 안내해 준다.

출처: 대한민국 정책브리핑

자녀의 사이버폭력 감지

- 불안한 기색으로 휴대폰을 자주 확인
- 휴대폰을 본 후 당황하거나 불안해 함
- 프로필 사진을 부정적인 것으로 바꿈
- 갑자기 SNS 계정 탈퇴
- 사용 요금이 평소보다 많이 나옴
- 이름이 비하성 별명으로 바뀜
- 야유나 험담이 자주 등장

자료: 교육부. 푸른나무재단

영역 3 30분

slide 15

인권의식이란?

일상적 생활에서 일어나는 인간관계를 인권적 관점으로 바라보고, 인권침해에 대하여 문제의식을 갖고, 그 원인을 파악하여 해결하려는 의지와 행동이다.

그래서 인권교육은 인권에 대한 지식과 이해, 가치와 태도, 사회 참여와 연대를 아우르는 목표를 갖고 시행하여야 한다.

- 편견, 차별, 폭력 등의 근본 원인은 낮은 인권의식이다. 학생을 대상으로 인권교육을 하려면 강사들은 인권에 대한 정확한 개념을 수강자들에게 예를 들어 인식을 시켜야 한다. 그리고 인권교육의 목적과 가치를 염두에 두고 제대로 된 방향성을 견지해야 한다.
- 인권의 개념을 설명하기 전에 세계인권선언을 바탕으로 만든 국가인권위원회법의 정의를 먼저 소개한다.

  ※ 참고: 국가인권위원회법 제2조(정의)

  1. "인권"이란 「대한민국헌법」 및 법률에서 보장하거나 대한민국이 가입·비준한 국제인권조약 및 국제관습법에서 인정하는 인간으로서의 존엄과 가치 및 자유와 권리를 말한다.
- 〈세상을 바꾼 변호인〉, 〈Ruth Bader Ginsburg: 나는 반대한다〉 등의 영화에 관한 이야기를 하면서 인권과 인권의식의 개념을 생각해 보도록 한다.

slide 16

인권의 5대 속성

1. **천부성**(天賦性) 세계인권선언 제1조
   "인간은 누구나 태어날 때부터 자유롭고 존엄하며 평등하다"
2. **보편성**(普遍性)
   인종, 피부색, 언어, 성, 종교, 출신, 재산, 정치적 견해, 지위 등을 이유로 차별받지 않는다.
3. **양면성**(兩面性) 자유와 의무, 권리와 책임
4. **상호성**(相互性) 나와 너, 나와 조직(사회공동체)
5. **옹호성**(擁護性) 약자와 소수자의 권리 존중 및 법과 제도의 개선

- 만 18세 미만의 아동을 대상으로 하는 인권교육은 인권의 5대 속성을 사례 중심의 토론수업으로 진행해야 높은 성과를 기대할 수 있다.
- 천부성에서는 어린이집이나 유치원에 다니는 3~5세의 자기결정능력이 없는 유아도 성인과 똑같은 인권을 가지고 있다는 점을 강조할 필요가 있다. 아동학대범죄가 심각한 한국사회의 실제상황을 신문기사를 갖고 토론하면서 정인이법이 개정된 배경을 설명하면 좋을 것 같다.
- 보편성에서는 코로나19 팬데믹 상황으로 인한 특정지역 출신에 대하여 인종차별적인 발언이 문제가 되었던 사례를 가지고 토론할 것을 제안한다. 대한민국은 1, 2년 후에는 공식적으로 이주배경인구가 전체 인구의 5%인 다인종·다문화국가가 되니, 상호문화교육 차원에서 인권의 보편성을 다루어야 한다.
- 양면성과 상호성에서는 자유와 권리가 있으면, 반드시 의무와 책임이 있다는 점을 인식하도록 하며, 나의 인권이 중요한 만큼, 타인과 조직의 인권도 중요함을 인지하도록 한다.
- 옹호성에서는 모든 인간의 권리가 중요하지만, 주로 약자와 소수자의 인권침해가 발생하고 있다는 점을 알리고 그들의 인권침해를 막고 구제해야 한다는 인식을 갖도록 한다.

공동체에 대한 의무

1. 세계인권선언 제29조

1항: 모든 사람은 자기가 속한 공동체에 대하여 의무를 진다. 어떤 사람이든 그러한 공동체를 통해서만 자신의 인격을 자유롭고 온전하게 발전시킬 수 있기 때문이다.

2항: 모든 사람이 자신의 권리와 자유를 온전하게 행사할 수 있지만, 다음과 같은 경우에는 예외적으로 그러한 자유와 권리가 제한될 수 있다.
즉, 타인에게도 나와 똑같은 권리와 자유가 있다는 사실을 인정하고 존중해 주기 위해 제정된 법률에 의해서, 그리고 민주사회의 도덕률과 공중질서, 사회전체의 복리를 위해 정당하게 요구되는 사안을 충족시키기 위해 제정된 법률에 의해서는 제한될 수 있다.

2. 헌법 제37조

1항: 국민의 자유와 권리는 헌법에 열거되지 아니한 이유로 경시되지 아니한다.

2항: 국민의 모든 자유와 권리는 국가안전보장·질서유지 또는 공공복리를 위하여 필요한 경우에 한하여 법률로써 제한할 수 있으며 제한하는 경우에도 자유와 권리의 본질적인 내용을 침해할 수 없다.

3. 서울학생인권조례 제4조(책무)

5항: 학생은 인권을 학습하고 자신의 인권을 스스로 보호하며, 교사 및 다른 학생 등 다른 사람의 인권을 침해하여서는 아니 된다.

6항: 학생은 학교의 교육에 협력하고 학생의 참여하에 정해진 학교 규범을 존중하여야 한다.

slide 17

학생 인권교육의 문제점

- 일부 교과(도덕/사회)에서 담당하는 덕목 위주의 지식교육
- 교사 중심의 일방적인 강의식 수업
- 강사초빙(25.1%), 가정통신문(25.8%), 방송, 게시판, 캠페인 등 1회성 교육
- 고위험군 및 문제행동 학생에 대한 맞춤식 상담시스템 부실
- 이혼·별거 가정의 증가에 따른 가정의 부모교육 소홀
- 학교와 가정의 협력적 교육활동 부재

◎ 인권교육은 일부 교과에서 담당하는 것보다는 모든 교과에서 시행하여야 한다. 인권이 꽃 피는 학교문화를 만들기 위해서는 모든 교직원들이 나서야 한다.

◎ 인권감수성이나 인권의식을 높이는 교육은 교사의 강의식 수업으로는 성과를 얻을 수 없다. 토론수업, 프로젝트 수업 등으로 실생활에서 실천할 수 있는 교육을 해야 한다. 인권의식을 함양하는 교육은 머리로 배우는 것이 아니고 가슴으로 배우는 것이다.

◎ 가장 심각한 문제는 학교의 1회성 교육이다. 강사를 초빙해서 강당이나 방송실에서 하는 수업은 효과가 있을까? 가정통신문은 가정으로 전달되지 않는다(소위 배달사고). 게시판 부착, 캠페인도 1회성 교육으로 보아야 한다.

◎ 인권교육은 학교뿐만 아니라 가정에서도 충실히 이루어져야 하는데 우리나라는 1인 가정 또는 2인 가정이 61.6%이고, 이혼율이 매우 높은 국가이니 가정교육을 기대하기는 어려운 상황이다. 이 문제는 교육에 있어 가장 큰 걸림돌이다.

◎ 학교와 가정이 협력적으로 소통하면서 인권교육과 같은 가치관 교육을 충실히 할 수 있는 문화가 조성되어야 한다. 그러기 위해서는 선진국의 PTA와 같은 조직을 학교에 구성하여 학교 교육을 선생님과 학부모가 파트너십을 발휘하며 협업을 해야 한다. 인권교육뿐만 아니라 세계시민교육, 생태시민교육, 디지털시민교육 등도 학교와 가정의 거버넌스 체제가 필수불가결하다.

slide 18

인권환경 Check List 1

1. 학교생활규정에 인권침해적인 요소가 있는가?
2. 교사가 여전히 학생 체벌(간접체벌)을 하고 있는가?
3. 교사가 학생 지도 시 욕설을 하는가?
4. 징계 및 선도조치 학생 대상 인권교육프로그램이 있는가?
5. 학교폭력 조사과정에서의 인권침해는 없는가?
6. 집단적 생활 점검(소지품 검사 등)을 하는가?
7. 성적으로 우열반 편성을 하는가?
8. 학생 편의(휴게)시설이 설치되어 있는가?
9. 학교생활규정(상벌점제)개정 시 학생들이 참여하는가?
10. 학생 대상 인권교육이 이루어지고 있는가?

◎ 학교에서는 '학교폭력 예방시스템'이나 '인권친화적인 학교문화 조성'을 위해 연구팀이나 TF를 조직하여 문제 해결 방안이나 역점과제를 연구한다.

◎ 연구팀이 구성되어 Action Learning 방식 등의 연구를 수행하기 전에 연구자 개개인에게 학교의 인권 환경 Check List를 제공할 필요가 있다.

◎ Check List는 연구자의 관심과 전문적 역량을 제고하는 역할을 하며 다양한 의견 수렴과 의미 있는 과제를 만들어 내는 효과가 있다.

slide 19

인권환경 Check List 2

11. 학교폭력 예방교육이 바람직하게 이루어지고 있는가?
12. 자살 예방 및 생명존중교육이 이루어지고 있는가?
13. 학급회의가 제대로 운영되는가?
14. 학생자치활동(학생회, 동아리)이 적절한 지원을 받고 있는가?
15. 학생대표가 학교운영위원회에 참여하는가?
16. 요보호학생 및 고위험군 학생 관리가 충실한가?
17. 학교폭력 피해학생 보호 및 관리가 철저한가?
18. 학교 안전교육이 충실히 이루어지고 있는가?
19. 식단 작성, 냉난방 시설 사용에 학생들의 의견이 반영되는가?
20. 외부인 출입을 통제하고 있는가?

- 학생 대상으로 강의를 할 때에도 위에 제시된 인권환경 Check List를 사전에 제공하여 학생들이 다양한 관점을 갖고 토론에 임하도록 한다.

| 평화롭고 안전한 학교 만들기 정책 제안 |

1. 학교 차원에서 추진할 과제

- 학생자치의 핵심인 학급회의 실시 의무화
  (참고) 2012년 1학기, 전국 초중고의 학급회의 실시율 41%(2012. 교과부)
- 학급담임을 비롯한 모든 교직원이 동참하는 생활지도시스템 구축
- 상벌점제도 운영의 효과성 제고
  - 문제행동의 유형별 지도체제 마련
- 학교폭력전담기구의 학교폭력 예방 기구화
  (참고) 현재 전담기구는 학교폭력 사안처리 위주로 운영되고 있음
- 무단 등교(수업)지각 지도 철저
  - 하루 1/2 이하의 수업결과는 결석에 준하는 지도
- 유인물 위주의 교사·학부모 연수는 지양하고 사례중심의 집합연수 강화
- 학교 교육과정에서 어울림프로그램 적용
  - 공감, 소통, 학교폭력 인식 및 대처, 갈등해결 프로그램 활용
  - 학교폭력 해결의 열쇠는 주변 학생의 역할에 달려 있음. 방관자를 방어자로 교육하는 생활교육 강화
- 학교폭력 관련 학생의 교우관계 및 학교생활 적응에 관한 회복적 생활지도 충실
- 장기 미인정결석 및 고위험군 학생의 가정방문(재택상담) 의무화로 교사와 부모의 협력지도시스템 구축
- 학생회 주관 선배상담제, 학급친구지킴이, 또래상담제, 인권동아리 운영
- 학교폭력 상담을 위한 학부모코디(상담원) Wee클래스 배치

2. 학교를 지원하는 유관기관의 역할

2-1. 교육지원청

- 교육지원청별로 학교 지원 '(가칭)학교폭력 SOS지원팀' 운영
  - 월급제 전문인력풀 조직·활용
- 자치위원회 위원장(교감) 대상 학교폭력 연수 강화
  - 생활교육부장 중심의 학교폭력 예방교육 지양
- 학교부적응학생 및 AMPQ 고위험군학생 지도를 위한 교육지원청의 '(가칭)교육복지서비스팀' 운영
  - 사회복지사, 신경정신과 의사, 전문상담사, 진로상담사, 경찰, 학부모 등으로 구성. 월 1회 의무 학교 순회방문
- 기간제교사 및 시간강사의 생활지도 전문성 연수 강화

- 수석교사의 생활지도컨설팅 역량 제고
- 생활지도부장에 대한 인센티브 확대
  - 수석교사에 준하는 생활지도부장 대우(특별수당 지급 검토 및 수업 10시간 미만)
- 학교폭력 발생 빈도율이 높은 초등 5,6학년과 중학교의 급당 학생 수 20명 이내로 감축

2-2. 정부 부처

- 의무교육인 초중학교 학생의 경우, 출석정지 30일 이후에도 문제행동의 변화 없으면 대안학교 의무입교 법제화
- 장기무단결석, 대안학교 위탁 거부학생 대상 유급제도 시행
  - 총 수업일수의 1/3 미만 장기결석은 병결의 경우만 학년진급 허용
- 모든 학교의 교내 흡연자에 범칙금 부과
  - 학교의 흡연학생을 보건소로 의뢰하면, 보건소는 금연교육을 시키고 범칙금 10만 원 부여(미성년은 5만 원까지 감면)
- 교육활동침해 학생에 대한 학교장 법원통고제 의무화
  - 교사 대상 협박 및 폭력의 경우, 선도위원회와 교권보호위원회의 교육적 조치과정에서 심각한 사안은 학교장의 법원통고 의무 이행
  - 특히, 보호처분 학생의 학교폭력 가담의 경우 학교장 법원통고 제도화
- 무단결석 학생이나 조퇴증 없이 거리를 배회하는 학생을 발견하면 경찰관이 직접 학교 또는 집으로 보내기 운동 전개
- 학교 밖 청소년의 돌봄 및 교육 지원을 위한 국가 차원의 돌봄관리시스템(Gate Keeper) 구축
  - 경찰학교 및 대안학교 입교 후에, 직업교육 제공 등 철저한 관리
- 새내기 학부모 대상 자녀교육 연수 이수 의무화
  - 유치원이나 초등학교에 자녀를 입학시킨 새내기 학부모를 대상으로 학교에서 야간이나 주말을 이용하여 '자녀 교육방법'에 관한 연수 실시
  - 연수 이수증(학부모 자격증) 부여
- 문제행동이 심각한 학생의 학부모 대상 의무면담제 실시
  - 학교의 학부모상담 요청에 응할 수 있도록 법률로 연 5일 공가 허용
  - 학교 요청에 불응할 경우 교육청에 통보하고 과태료 부과
- 청소년 보호 차원에서 무단결석 7일 이상의 학생 학부모에 대한 책무성 부여(경찰서의 학부모 소환 및 법원의 벌금형 부여 제도화)
- 학교폭력 가해학생 학부모 특별교육이수의 효과성 제고
  - 교육감 지정기관에서 반드시 동일기간에 자녀와 함께 교육을 받도록 법제화
- 청소년상담복지센터, 청소년수련관, 복지관, Wee센터, 대안학교, 정신보건센터, 쉼터, 경찰학교, 교육지원청의 학교 지원을 위한 상호 연계체제 구축

토론 및 발표 50분

◎ **방식** | 원탁토론

◎ **대주제** | 폭력 없는 평화로운 학교와 인권이 꽃 피는 시민사회 만들기

◎ **소주제**

1. 아동학대 및 학교폭력 없는 건강한 사회를 만들기 위해서 정부는 어떤 일을 해야 하는가?

2. 학교폭력을 근절하기 위해서는 학교의 교직원은 어떤 노력을 해야 하는가?
   (참고) 폭력 없는 학교 만들기는 인권친화적인 학교문화를 조성하는 것으로 학교의 중장기 계획이 필요함

3. 학교라는 공교육기관에서 인권교육이 부실한 이유는 무엇인가?
   (참고) 부실한 이유와 그에 대한 대책을 함께 논의하는 것이 바람직함

꽃

김춘수

네가 그의 이름을 불러주기 전에는
그는 다만
하나의 몸짓에 지나지 않았다

네가 그의 이름을 불러주었을 때
그는 나에게로 와서
꽃이 되었다

내가 그의 이름을 불러준 것처럼
나의 이 빛깔과 향기에 알맞은
누가 나의 이름을 불러다오
그에게로 가서 나도
그의 꽃이 되고 싶다

우리들은 모두
무엇이 되고 싶다

너는 나에게 나는 너에게
잊혀지지 않는 하나의 눈짓이 되고 싶다

2 성차별·성폭력 없는 평등사회 구현 방안

학습 목표	우리 사회는 성차별과 성폭력이 심각한 사회이다. 2005년 호주제도가 폐지되고 남녀가 평등한 사회를 지향하고 있지만, 여전히 가부장적이며 남성중심적인 사고가 팽배한 상황이다. 성차별적인 언행은 성폭력으로 이어지고 있다. 본 수업에서는 성차별, 성폭력 없는 평화로운 인권친화적인 사회를 만들기 위한 목적으로 교육자들의 성인지감수성을 높이고 인권교육의 전문성을 제고함을 목적으로 한다.
학습 내용	- 성평등 관련 법과 제도 이해 - 소수자와 약자의 개념, 미투와 페미니즘 운동 이해 - 성역할 고정관념과 올바른 성평등교육 - 데이트폭력의 실태와 대응
학습 방법	질의응답식 강의, 동영상 시청 및 소감 발표, 분임토론 및 원탁토론

단계	교수·학습 활동	시간	자료
도입	사건·사고 뉴스 및 기관 제작 영상 등 제공	10분	동영상
	참석자 개인별 소감 언급	10분	
전개	영역1 성평등 관련 법과 제도의 이해	30분	Slide 블로그 유튜브
	영역2 성역할 고정관념과 성차별·성폭력	30분	
	휴식 10분		
	영역3 데이트폭력의 실태와 올바른 성평등교육	30분	
정리	토론 주제: 성폭력 없는 평화로운 시민사회 만들기	30분	전지 포스트잇
	분임별 발표 및 질의·응답	20분	
	정책 제안	10분	

* 영역별로 나누어진 30분은 내용에 따라서 변동이 가능함

도입 20분

slide 1

여러분 TIME지 표지를 보면서
미투운동에 대하여 생각하고 있는 견해를 짧게 나누어 봅시다.

- 미국의 TIME지는 미투운동을 촉발한 침묵을 깬 사람들을 '2017년 올해의 인물'로 선정하였다. 미투운동(MeToo movement)은 성추행 등 성폭력을 여론의 힘으로 결집하여 공개적으로 고발하는 것으로 미국에서 시작되었다. 2017년 10월 할리우드 유명 영화제작자 하비와인스틴의 성추문을 폭로하고 비난하기 위해 SNS에 해시태그(#MeToo)를 다는 것으로 대중화되었다.
- 우리나라도 2018년 1월 서지현 검사가 JTBS 뉴스룸에 출연해 성추행 피해를 폭로하면서 미투운동이 촉발되어 정치계, 예술계, 종교계, 교육계로 전파되었고, 급기야 학교에서도 스쿨미투(#School_MeToo)가 시작되었다. 현재 전국에 100개교 이상의 공식 스쿨미투 사이트가 운영되고 있다.

바람직한 토론 자세

- 모든 사람의 관점은 모두 각양각색이다.
- 상대방의 발언을 진지하게 듣고 평가하지 않는다.
- 발언 시간은 균등하게 주어진다.
- 발언은 밝은 표정으로 부드럽게 한다.
- 질문은 간략하게 1가지씩만 한다.
- 토론 시간은 서로 배우는 의미 있는 귀한 시간이다.

영역 1 30분

slide 2

인권(人權)

인권*은 1789년 프랑스 대혁명 당시에 제헌국민의회에서 발표한 '인간과 시민의 권리선언'에서 사용된 droits de l'homme(right of man)에서 유래하였고 지금의 영어 표기는 human rights이다.

국가인권위원회법 제2조
"인권이란 대한민국 헌법 및 법률에서 보장하거나
대한민국이 가입 비준한 국제인권조약 및 국제관습법에서 인정하는
인간으로서의 존엄과 가치 및 자유와 권리를 말한다."

- 강사는 인권교육에 앞서 인권의 어원과 개념에 대하여 설명할 필요가 있다. 인권이라는 용어는 프랑스 대혁명 당시 '인간과 시민의 권리선언'에서 유래한 용어이다. 인권의 영문 표기가 처음에는 'right of man'이었으나 'man'이 남성을 의미하는 것이어서 지금은 'human rights'로 표기한다.
- '인간과 시민의 권리선언'에는 "인간은 권리에 있어 자유롭고 평등하게 태어나고 생존한다. 사회적 차별은 공공의 이익을 위해서만 가능하다"를 전제로 하여, 재산권, 사상의 자유, 언론 출판의 자유, 신체의 자유를 불가침의 권리로 선언했다.
- 이 선언의 한 가지 특징은 인간과 시민을 구분했다는 점이다. 여기서 인간의 권리는 인간이 본래 가지고 있는 자연권이다. 반면에 시민의 권리는 국가의 의사결정에 참여할 수 있는 권리를 의미한다.
- 그러나 이 선언은 지금의 관점에서 바라보면, 근본적인 한계가 있다. 선언에서는 인간의 권리에 대하여 표방하고 있지만, 여기서 말하는 인간은 사실상 남성만을 가리킨다. 그래서 여성에게는 권리가 인정되지 않았다. 여성 차별인 것이다.
- 이 slide에서는 프랑스 대혁명에 대하여 역사적인 배경을 설명할 필요가 있다 아울러 대한민국의 1987년 6월 10일 전국적으로 일어난 민주항쟁도 소개하면 좋을 것 같다.

◎ **인권과 기본권의 개념**

인권이 인간의 본성 혹은 본능에서 창출되는 자연권임에 비하여 기본권은 헌법이 보장하는 국민의 기본적 권리이다.

헌법학계에서도 인권이 헌법 속으로 편입되었을 때 이를 기본권이라고 한다.

slide 3

성평등 관련 법과 제도

- 1979년 유엔 여성차별 철폐에 관한 협약
  * 대한민국은 1984년 12월 비준
- 1983년 한국 최초로 여성인권을 위한 〈여성의 전화〉 탄생
  * 1987년 차별 없는 성평등사회를 위한 〈한국여성민우회〉 창립
- 1987. 11. 28. 남녀고용 평등과 일·가정 양립 지원에 관한 법률 제정
- 1995. 12. 30. 여성발전기본법 제정
  * 제4차 북경 세계여성대회와 베이징 행동강령 발표 이후
- 2000년 정부 부처에 여성부 신설
- 2001. 5. 24. 국가인권위원회법* 제정
- 2005. 3. 31. 민법으로 호주제 폐지
- 2015. 7. 1. 양성평등기본법 시행
  * 여성발전기본법 전면 개정 후 개명
- 2019. 12. 25. 여성폭력 방지 기본법 제정
- 2020. 3. 26. 서울시교육청 성평등 교육환경 조성 및 활성화 조례 제정

◎ 학생이나 성인을 대상으로 성평등 관련 교육을 하기 위해서는 관련 법과 제도에 대한 대략적인 소개를 필수적으로 해야만 한다.

◎ 국제법인 '유엔 여성차별 철폐에 관한 협약', 국내법인 '남녀고용 평등과 일·가정 양립 지원에 관한 법률', '양성평등기본법', '여성폭력 방지 기본법', 시도교육청의 자치법규인 '성평등 교육환경 조성 및 활성화 조례' 등은 성평등교육의 이론적 배경으로 참고해야 할 중요한 법규이다.

slide 4

소수자와 약자의 개념

○ **소수자의 개념**

- 소수자는 신체적, 문화적 특징 때문에 사회의 다른 성원들에게서 차별 받는 집단에 속해 있다는 의식을 갖고 있는 사람들
- 소수자임을 결정하는 기준은 수의 많고 적음이 아니라, 편견과 차별의 유무에 달려있음

○ **약자의 개념**

- 약자는 사회적으로 불리한 위치에 있는 사람들을 일컫는 표현인데, 이들은 불리한 위치에 있을 뿐 어느 집단에 속해 있다는 이유로 차별은 받지 않음
- 그러나 어느 날 자신이 어떤 특징 때문에 차별 받고 있다고 생각하며, 자신이 그러한 집단에 속한다고 판단하면 약자에서 소수자로 전락할 수 있음

◎ 소수자와 약자의 개념을 정확히 알 수 있도록 한다. 아동, 노인, 여성은 소수자라고 하지 않고 약자라는 표현을 사용하는 것은 사회적으로 불리한 위치에 있을 뿐, 그들 모두가 차별을 받는 존재라고 간주하지 않기 때문이다.

◎ 모든 사람은 불의의 사고를 당해 장애자가 될 수도 있기 때문에, 비장애인이 어느 순간 장애인이 되어 소수자로 전락할 수도 있다. 소수자의 개념을 분명히 해야 성소수자의 개념도 쉽게 이해할 수 있다.

◎ **학생인권조례에 제시된 소수자**

- 현재 전국의 17개 시도교육청 중에서 6개 교육청이 학생인권조례를 제정하여 시행 중이다. (2020. 3. 인천광역시교육청은 '학교구성원 인권증진 조례' 제정)
- 조례에는 유초중고등학교에 재학하고 있는 학생들을 대상으로 소수자를 다음과 같이 구분하였다.

1. 빈곤학생, 2. 장애학생, 3. 한부모가정 학생, 4. 다문화가정 학생,
5. 외국인학생, 6. 운동선수, 7. 성소수자, 8. 일하는 학생

영역 2 30분

slide 5

성소수자*의 개념

- 성적 지향과 성별 정체성에서 다수자와 다른 특성을 갖고 있는 사람
  LGBTQI(Lesbian, Gay, Bisexuality, Transgender, Questioning, Intersex)

  * 성적 지향(sexual orientation): 이성애, 동성애, 양성애, 무성애
  성별 정체성(gender identity): 자신을 생물학적인 성과는 다른 성으로 인식하는 것

◎ 성소수자는 두 가지 측면에서 구분한다. 하나는 성적 지향이고 다른 하나는 성별 정체성이다. 성적 지향은 일반적으로 본인이 속내를 드러내는 소위 coming out을 하면 인지할 수 있으나, 성별 정체성은 평소의 언행으로 누구나 구분할 수 있다.

◎ 성소수자 LGBT를 지금은 LGBTQI라고 한다. Questioning은 성정체성을 명확히 알 수 없는 사람이며, Intersex는 남성과 여성의 생식기를 모두 갖고 태어난 간성(間性)이다.

slide 6

#School_MeToo & Feminism

○ **스쿨미투** https://n.news.naver.com/article/005/0001198518

- 성희롱과 성추행이라는 범죄행위에 대한 문제를 넘어서 성차별 없는 성평등사회를 만들려는 운동으로 확대
- 스쿨미투는 단지 여학생과 남교사 간의 구도에 놓여 있지 않다. 교사와 학생, 교사들 간, 학생들 간, 학교와 학부모 간 등 교육 주체들로 하여금 학교 교육과 학생을 어떻게 규정할 것인가, 평등은 무엇이고 젠더는 현 교육에서 어떤 변수인가 등에 대한 논의를 촉발시키고 있다.(김애라, 2018)

○ **페미니즘** https://blog.naver.com/herrihm103/221488564539

- 페미니즘 운동은 남성과 여성을 이분법적 관점에서 대칭적으로 구분하고, 힘의 역학관계를 논하며 여성의 지위를 높이려는 권익운동이 아니고, 남성과 여성의 다름과 차이를 인정하고 차별과 억압을 종식시키려는 인권친화적인 젠더문화를 만들어가는 운동이다.

| MeToo 운동은 국민인권운동 |

'MeToo(나도 고발한다)'는 자신이 겪었던 성희롱이나 성추행을 사회관계망서비스(SNS)에 해시태그(#MeToo)를 달아서 고백하는 운동이다. 우리나라는 2018년 1월 서지현 검사가 성추행 사건을 폭로한 것을 계기로 연예계, 정치계, 종교계, 교육계 등으로 확산되고 있다.

촛불혁명처럼 번지는 'MeToo' 운동은 가부장적인 남성중심의 성차별 역사에서 완전히 벗어나 성평등의 새 시대를 열어가는 강력한 힘을 발휘하고 있기에 본인도 'With You' 운동을 적극 지지한다. 하루속히 조직사회에서 직책이나 부의 권력을 이용하여 약자를 대상으로 성희롱이나 성추행을 하는 인권침해는 반드시 사라져야 한다.

'MeToo' 운동이 활발할 당시에 남성들 사이에서는 'Pence Rule'의 움직임이 있다는 언론보도를 접했다. Pence Rule은 미국의 부통령인 Mike Pence가 '한 방에서 아내 외에 다른 여성과는 함께 머무르지 않는다'는 생활철학에서 유래한 용어이다. 요즈음 회사의 남성들 사이에서 '출장은 여성과 같이 가지 않는다', '회식자리에 여성은 가급적 배제하자'는 이야기가 농담반 진담반으로 퍼지고 있다. 'MeToo' 운동이 성차별 근절 운동이 아니라, 오히려 성차별 조장 운동으로 변질되는 것은 아닌지 우려스럽다.

우리 사회의 흑백논리와 대칭적 사고는 국가 발전의 걸림돌이다. 정치권의 진보와 보수의 끝없는 권력 다툼, 조직사회의 갑과 을의 불평등한 갈등관계, 가부장적 사회의 남성 우월주의는 대한민국 최대의 고질적인 병폐이다. 이러한 병폐의 골이 깊어지면서 이제 남성과 여성 간의 갈등과 불협화음이라는 최악의 상황이 도래했다. 여혐사이트인 일베와 남혐사이트인 메갈리아, 'MeToo' 운동과 'Pence Rule'이 그렇다.

우리 교육자들이 많이 사용하는 용어인 '양성평등'이나 '성평등'에서의 평등이란 동등하게 같아야 한다는 동일함(sameness)이라기보다는 다름이나 차이를 인정하는 공평함(fairness)으로 보아야 한다(정희진, 2017). 상대적 평등이나 인권 존중의 본질은 인간 개개인의 다양성을 존중하며 다름과 차이를 인정하는 것이다.

페미니즘 운동 역시 남성과 여성을 이분법적 관점에서 대칭적으로 구분하고, 힘의 역학관계를 논하며 여성의 지위를 높이려는 운동이 아니고, 남성과 여성의 다름과 차이를 인정하고 차별해서는 안 된다는 인권친화적인 젠더문화를 만드는 운동이다.

우리 사회에 소통과 화합의 인권친화적인 정치문화가 조성되지 않으면 차별 없는 평화로운 조직문화는 절대로 기대할 수 없다. 정부는 소통의 정치에 역점을 두고 'MeToo' 운동이 국민인권운동의 단초가 될 수 있도록 정부의 모든 역량을 집중하여야 한다.

출처: 네이버 블로그 〈교육내시경〉

slide 7

여성의 권리를 주장했던 역사적 인물

○ **올랭프 드 구주(Olympe de Gouges) 1748~1793**
- 〈여성과 여성시민의 권리선언〉 (1791년) 혁명의 어머니, 단두대 처형
  "여성은 남성과 같이 평등하며 공직과 취업에 평등하게 참여해야 한다"
  (참고) 여성 투표권 부여: 미국 1920년, 영국 1928년, 프랑스는 1946년

○ **메리 울스턴크래프트(Mary Wollstonecraft) 1759~1797**
- 〈여성의 권리 옹호〉 (1792년) 최초의 페미니즘 저서

○ **시몬 드 보부아르(Simone de Beauvoir) 1908~1986**
- 프랑스 철학자이자 작가. 사르트르의 반려자, 페미니즘의 어머니
- 〈제2의 성〉 (1949) 페미니즘 철학의 고전
  "여자는 태어나는 것이 아니다. 여자로 만들어지는 것이다"

◎ 프랑스 대혁명이 발발하면서 발표한 〈인간과 시민의 권리선언〉는 인간의 권리를 표방한 것이지만, 그 당시 상황에서는 인간은 남성만을 의미하고 시민은 재산이 있는 남성시민을 의미했다. 이러한 남성중심적인 사회에서 죽음을 무릅쓰고 용감하게 반기를 든 분이 올랭프 드 구주이다. 그녀의 〈여성과 여성시민의 권리〉는 획기적인 선언이었다. 비록 단두대에서 처형되기는 했으나 지금까지 혁명의 어머니로 칭송받고 있다.

◎ 영국 출신인 메리 울스턴크래프트는 남성에게는 이성, 자유, 평등을, 여성에게는 순결, 아름다움, 순종 등을 권고하였던 당대의 계몽사상가들 특히 루소를 비판하기 위하여 〈여성의 권리 옹호〉라는 책을 저술하였다. 이 책은 최초의 페미니즘 저서로 유명하다.

◎ 프랑스의 시몬 드 보부아르의 저서 〈제2의 성〉은 왜 남성은 주체인 데 비해 여성은 타자에 머물러 있는가, 어떻게 이러한 차이가 생겼는가에 대한 문제 제기를 한다. 그녀는 역사적인 이유에서 답을 찾는다. 곧 여성이 남성에 종속되어 있는 것은 생물학적이거나 심리학적인 요인 때문이 아니라 역사의 전개 과정에서 가부장제 질서가 확립되고 그 속에서 여성이 종속적인 위치로 규정되어 왔기 때문이라고 주장한다.

서프러제트(Suffragette) 운동

서프러제트는 20세기 초에 영국에서 참정권 운동을 벌인 여성들을 지칭하는 용어. suffragette는 참정권 혹은 투표권을 뜻하는 단어 suffrage에 여성형 접미사 -tte가 붙어서 만들어진 말이다.

빅토리아 시대에 영국 정부의 민주주의는 돈 있는 남성들을 위한 것이었다. 초기 참정권은 일정한 금액 이상의 세금을 낼 수 있는 재산가 남성들에게만 주어졌다. 이후 영국 정부는 보수당과 자유당이 엎치락 뒤치락 하면서 몇 차례 법 개정을 통해 참정권을 확대해 갔지만 그때마다 언제나 여성에게 참정권을 주자는 주장은 무시되곤 했다.

1860년대부터 존 스튜어트 밀과 같은 진보적인 지식인들이 여성의 참정권을 꾸준히 의회에 상정하였지만 매번 부결되었다. 참지 못한 여성들은 이제 합법적인 방법으로는 아무것도 이루어 낼 수 없다고 생각했다. 영국 정부의 합법이란 것은 여성의 시민으로서의 권리를 박탈하는 것이었기 때문이었다.

1903년, 에멀린 팽크허스트는 자신의 세 딸과 함께 WSPU(Women's Social and Political Union; 여성사회정치연맹)를 조직했고 서프러제트라는 명칭은 이때 얻었다. 초기에는 평화시위를 했지만 1908년부터는 과격 시위를 선택했고 이후에 많은 여성들은 수시로 감옥에 수감되었다가 풀려나기를 반복하며 시위를 이어나갔다.

1913년, 여성사회정치동맹 소속의 에밀리 데이비슨이 조지 5세의 경마경기에 뛰어들어 1인시위를 벌이다 말이 치어 사망하는 사건이 발생하였다. 사건의 처리 문제에서 여성들의 분노가 폭발하여 에밀리 데이비슨의 장례식은 거대한 시위행렬로 변했고 여성들의 참정권 운동은 본격화되었다. 시위는 극단화되고 곳곳에서 남성들의 상징이라고 여겨지던 건물들이 파괴되고 불타기 시작했다. 영국의 경찰서는 여성시위자들로 넘쳐났다.

제1차 세계대전(1914~1918) 이후, 1928년 인민대표법은 남녀동일하게 21세부터 선거권을 갖게 되었다.

세계 각국의 여성들이 투표권을 행사할 수 있게 된 것은 20세기에 들어와서이다. 미국은 1920년, 영국은 1928년, 프랑스는 1946년이 되어서야 여성의 정치적 권력을 인정했다.

출처: 나무위키

slide 8

성역할의 사회화

○ **개념**

- 성역할 사회화란, 한 사회의 문화가 성별에 적합한 것으로 규정하는 행동이나 태도에 대한 기대를 습득해 가는 것을 말한다.
  즉 부모, 형제, 교사 등 사회화를 촉진시켜 주는 주변의 사람들을 통해 성별에 적합한 역할을 인식하는 과정을 말한다.

○ **성역할 사회화 이론**

1. 정신분석이론(Sigmund Freud, Carl Gustav Jung)
2. 사회학습이론(Albert Bandura): 관찰학습, 대리학습, 모델링 학습
   (참고) 주의집중(attention) – 기억/파지(retention) – 재생/행동(reproduction) – 동기화(강화)(motivation)
3. 인지발달이론(Jean Piaget, Lawrence Kohlberg)

◎ 학교의 선생님들은 성역할 사회화 이론 중에서 알베르트 반두라의 사회학습이론에 관하여 많은 관심을 갖고 있다. 교사와 학생 간의 사제관계에서 교사의 언행은 매우 중요하기 때문이다.

slide 9

성역할 사회화의 주요 원인

1. **가부장적 가정의 부모**
2. **유아 그림책 등 아동도서**
3. **학교 교육과정과 교육 문화**
   - 2011년 제49차 유엔여성차별철폐위원회 권고
     "여학생들이 교육에 차별적인 장벽을 형성하는 가부장적인 태도와 고정관념을 극복하기 위한 노력으로 교사 대상 성인지훈련을 제도화하라"
4. **대중매체** https://blog.naver.com/herrihm103/221431473098

◎ 성역할 사회화의 주요 원인에 대해서는 교육블로그 〈교육내시경〉에서 좀 더 자세하게 다루도록 안내를 한다.

| 간접차별 |

간접차별은 직접차별에 대한 규제만으로는 차별을 야기하는 근본적인 요인들, 즉 편견과 통념의 변화를 가져올 수 없기 때문에 그러한 요인들의 변화를 가져오고 그를 통한 실질적인 평등을 달성하고자 하는 목적에서 고안된 개념이다.

간접차별은 중립적인 기준을 적용하였으나 그러한 중립적인 기준이 특정 소수자에게 불리한 결과를 초래하는 경우에 해당된다. 몇 가지 간접차별의 예를 제시한다.

- 남성 또는 여성이 다른 성에 비하여 현저히 적고 그로 인하여 특정 성에게 불리한 결과를 초래하며 그 기준이 정당한 것임을 입증할 수 없는 경우
- 장애인에 대하여 형식상으로는 제한·배제·분리·거부 등에 의하여 불리하게 대하지 아니하지만, 정당한 사유 없이 장애를 고려하지 아니하는 기준을 적용함으로써 장애인에게 불리한 결과를 초래하는 경우
- 합리적인 이유 없이 연령 외의 기준을 적용하여 특정 연령 집단에 특히 불리한 결과 초래하는 경우

※ 간접차별의 요건

1. 외관상(형식상) 중립적인(평등한) 대우(규정, 기준, 정책, 관행 등)
2. 비교집단 가운데 한쪽 집단에게 불리한 결과를 초래해야 함
3. 간접적·결과적 차별을 정당화할 수 있는 합리적인 이유가 없어야 함

출처: 국가인권위원회, 〈우리가 알아야 할 인권침해와 차별〉 p. 80~81. 인용

slide 10

일상생활에서의 올바른 성역할 교육

1. 부모와 교사 먼저 성역할에 대한 편견과 행동을 바로 잡는다.
2. 성역할 고정관념을 심어주지 않는다.
3. 놀이와 교육활동에 차별을 두지 않는다.
4. 성역할 고정관념이 드러나는 책이나 프로그램을 보지 않는다.
5. 집안 일은 부모 모두 함께 참여한다.

- 교육자의 역할을 해야 할 가정의 부모와 학교의 교사는 스스로 성역할 고정관념을 갖고 있는지 성찰하고 인식의 전환을 해야 한다.
- 인성교육은 가정의 식탁에서부터 시작하는 것이다. 부모들이 행동으로 모범을 보이는 가정교육은 절대적으로 필요하다. 정부와 공교육기관에서 학부모교육을 강화해야 하는 이유 중의 하나이다.
- 인성·사회성 교육의 일환으로 실시하는 성평등교육은 성역할 고정관념과 남성중심 사고의 부정적인 영향을 인식시키는 교육이다. 학교에서 다양하게 발생하는 성차별, 성폭력을 근절하기 위해서는 교사 대상으로 실시하는 학교폭력 예방교육에 의무적으로 성평등교육도 포함해야 한다.

호주제 폐지의 의의

헌법재판소에서 2005년 2월 3일 헌법 불합치 결정에 따라 2005년 3월 2일 민법 개정안이 통과되고 참여 정부 마지막 해인 2008년 1월 1일부터 폐지되었다.
호주제 폐지는 가부장제가 상징하는 권위 및 악습의 타파이다. 이 제도의 폐지는 양성 모두에게 이익이 될 수 있는 시대적 변화이다.

- 호주제 폐지 이유는 4가지로 설명할 수 있다.
  1. 헌법 36조 1항인 '혼인과 가족생활에서 개인의 존엄과 양성평등' 조항과 맞지 않음
  2. 호주제는 세계 유일하게 우리나라에만 있는 일제 잔재인 제도
  3. 어머니 성을 따르거나 재혼으로 부모와 성이 다르면 비정상적인 가족으로 보는 관행
  4. 호주제를 폐지해야 가족 해체를 줄이고 평등한 가족문화를 이룰 수 있음

slide 11

광고에서의 성역할 고정관념 토론하기(예시)

광고 장면 또는 내용	성역할 관점	개선 방법
'사나이 울리는 대박 라면'		
냉장고나 세탁기의 광고모델에 앞치마를 두른 여성만 등장		
"여자와 커피는 부드러워야 해요"		

- 일생 생활에서 자주 볼 수 있는 광고 장면이나 모델의 말을 주제로 성역할 고정관념이나 편견 및 차별 문제를 토론한다.
- 또한, 우리가 아무 생각 없이 사용하는 말 속에도 남녀에 대한 고정관념과 편견이 존재한다는 사실을 새로운 관점이나 낯선 시각으로 논할 필요가 있다.

여성에 대한 편견	남성에 대한 편견	이유 설명하기
여자가 포크레인을 운전하네 ...	남자가 매일 요리를 하네 ...	
여자는 조신하게 행동해야 해 ...	남자가 창피하게 눈물이 많네 ...	
여자는 날씬하고 예뻐야 해 ...	남자는 터프해야 해 ...	

| 독일의 성평등문화 조성을 위한 교육지침 |

1. 교수요목, 시험 및 과제, 교수·학습 자료

- 커리큘럼과 학습계획은 성별 고정관념을 없애도록 모든 교과목에서 성평등 관련 시사점을 구체화한다.
- 교육 자료, 시험지, 과제에 성별 고정관념을 없앤다.
- 교육을 위한 권장사항이나 유인물에는 수업시간과 학교생활에 실제 적용되는 성별 측면에 대한 조언(유의점)을 포함한다.

2. 교원 훈련 및 연수

- 교원 훈련 단계에서 세미나 교육과 실무 지침을 성평등 차원에서 고려할 수 있는 역량을 부여한다.
- 성인교육에서 성인지적 교수법(수업방법론) 활용을 위한 추가 교육(훈련) 조치를 고려한다.
- 재교육 과정에 적당한 맥락으로 성평등 관련 쟁점을 다룬다.

3. 구조적 접근

- 성평등 관점에서 학교 내부의 의사결정과정과 행정조치가 이루어지도록 한다.
- 학교에 성평등한 각종 전문위원회와 참여위원회를 구성한다.
- 학교의 교육프로그램을 성평등 측면에서 고려한다.

4. 인력 개발

- 구인광고에서 '성인지 역량'을 요구사항으로 제시하거나, 전문가 경력으로 인정한다.
- 의사결정자 대상으로 성인지 역량 강화 훈련을 강화한다.
- 교육, 연수, 멘토링 등 인력개발을 할 때에 성별에 따라 다름을 고려한다.

5. 교육 시설

- 학교 건설·장비에 대한 법적 요구사항과 의사결정 관행에서 성인지 관점과 성평등교육 목표를 고려한다.
- 학교 정규교육과정 외 교육에 대한 지원 조치는 성인지 감수성을 담고 있어야 하며 그 효과를 체계적으로 평가한다.

6. 포괄적 조치

- 수업과 추가 교과과정에서 구두·서면 의사소통 등을 포함한 언어 관련 교육
- 성별 고정관념이나 역할 모델 등을 다루는 미디어 교육
- 학교 내에 보호자들이 동참하는 성차별·성폭력 방지 교육

출처: Kultusministerkonferenz(2016) (성평등교육의 요구현실과 활성화 방안, 최윤정 외)

slide 12

성평등 언어

바꾸고 싶은 말	쓰고 싶은 말
여의사, 여교수, 여직원	의사, 교수, 직원
처녀작, 처녀출전	첫 작품, 첫 출전
유모차(乳母車)	유아차(乳兒車)
저출산(低出産)	저출생(低出生)
그녀(女)	그
○○여자고등학교	○○고등학교
몰래카메라	불법촬영
리벤지포르노 (REVENGE PORNO)	디지털 성범죄

- 서울시여성가족재단에서 설문한 결과를 바탕으로 제시한 성평등 언어로 바꾸어 사용하고 싶은 용어를 안내한다.
- 특별히 여성을 부각하는 용어인 여의사, 여수, 여직원 및 ○○여자고등학교 등에서 '여(자)'를 빼고 사용하자는 의견이 지배적이며 그렇게 바뀌고 있다.
- 몰래카메라 또는 리벤지포르노는 이미 장난이나 재미로 용인하는 인식을 불식시키기 위해 불법이며 범죄라는 표현의 용어로 바뀌었다.

slide 13

SNS에서의 성희롱적 대화

우리 과 외모 탑3 뽑아보자
가슴은 누구, 엉덩이는 누구
뒤에서 안아주고 싶네
다리가 예쁘더라
남존여비 부활
사진 보여줘라
슴만튀, 먹버

- 요즈음 카톡방 등 SNS에서 젊은이들이 성희롱적인 용어가 담긴 대화를 많이 사용하고 있다. 그들은 '재미로', '심심풀이로', '남들도 하니까', '괜찮은 것 같아서'라는 생각으로 문제의식이 없다.
- 만일에 당사자가 알게 되어 성희롱으로 문제제기를 하면, 모욕이나 명예훼손으로 처벌받을 수 있으니 평소에 언어교육을 충실히 해야 한다.

국가인권위원회법 제2조(정의) 3항

"평등권 침해의 차별행위"란 합리적인 이유 없이 성별, 종교, 장애, 나이, 사회적 신분, 출신지역, 출신국가, 출신민족, 용모 등 신체조건, 기혼·미혼·별거·이혼·사별·재혼·사실혼 등 혼인 여부, 임신 또는 출산, 가족 형태 또는 가족 상황, 인종, 피부색, 사상 또는 정치적 의견, 형의 효력이 실효된 전과(前科), 성적(性的) 지향, 학력, 병력(病歷) 등을 이유로 한 다음 각 목의 어느 하나에 해당하는 행위를 말한다.

slide 14

성인지 감수성 점검

1. 성추행 사건이 발생했을 때, 노출이 심한 옷을 입은 상대방도 책임이 있다.
2. 성적 제안을 했을 때, 침묵한다는 것은 그 제안을 받아들이는 의미이다.
3. 남자가 스킨십이나 성적인 접촉을 하기 전에 상대방에 동의를 구한다는 것은 남자답지 못하다.
4. 성적 제안에 여자가 '싫다'고 하는 것은, 사실은 좋으면서 튕기는 것이다.
5. 혼자 있는 남자친구의 자취방에 여자가 흔쾌히 들어가는 것은 성적 관계를 허락하는 것이다.

출처: 경인교육대학교 양성평등센터

slide 15

성인지 감수성 점검

6. 친밀한 관계라면 동의를 구하지 않아도 가벼운 스킨십 정도는 가능하다.
7. 둘이서 함께 찍은 가벼운 스킨십 사진은 상대방의 동의 없이 내 블로그에 올려도 된다고 생각한다.
8. 남자라면 누구나 동영상을 보고 성적으로 야한 장면을 실천에 옮기는 환상을 가질 수도 있다.
9. 성폭력은 모르는 사람에게 적용되는 것이지 데이트 성폭력이라는 건 있을 수 없다.
10. 성적인 농담에 대해 불편해 하는 것은 분위기를 깨는 것이므로 웃고 넘겨야 한다.

출처: 경인교육대학교 양성평등센터

- 성인지 감수성 점검표는 경인교육대학교 양성평등센터에서 제공한 것이다. 10개의 질문에서 그렇다가 7개 이상이면 '위험', 4~6개이면 '인식 개선 필요', 1~3개이면 '분발하세요', 0개이면 '양호'이다.
- 성인지 감수성 점검 결과를 가지고 참여자들이 서로 성인지 감수성을 객관적으로 점검하고 스스로 감수성을 높이도록 토론수업을 하여야 한다.

slide 16

양성평등과 성평등 용어

	양성평등	성평등
관점	- 성 역할: sex role - 여자와 남자의 성별 구분은 생물학적 (생식기능)으로만 의미 있음 - 남자와 여자는 각 역할에 맞게 건강한 가정을 꾸려 사회의 근간을 이뤄야 함	- 성 역할: gender role - 남자/여자는 남성성/여성성과 일치하지 않음 - 성별 체제는 사회적 제도이며 성별 사회화를 통해 성별 규범을 습득
쟁점	- 성평등은 법률적 근거 없음 - 성평등 용어는 다양한 성정체성 (젠더다양성, 성소수자)을 인정하는 개념이므로 반대 - 성평등을 인정하면 동성애를 비롯한 성소수자가 많아지고 성도덕관념이 무너지게 된다고 주장	- 양성개념은 이분법적으로 남성과 여성을 구분하여 대립적 구도 조장 - 양성개념은 성역할 고정관념을 강화하고 성차별을 정당화함 - 양성개념은 성별 권력관계를 대칭으로 위장하여 사회적 불평등 은폐
단체	반동성애 단체	여성단체, 인권단체, 성소수자단체

- 현재 시도교육청과 학교에서는 양성평등과 성평등 용어를 혼용해서 사용하고 있다.
- 양성평등은 양성평등기본법*의 법명에서 제시된 용어이며 오래전부터 학교에서 남녀차별을 없애기 위해 양성평등교육을 해왔기 때문에 성평등이라는 용어보다 더 많이 사용하고 있다.
- 성평등(gender equality)은 1995년 제4차 북경 세계여성대회와 베이징 행동강령 발표 이후, sex를 gender로 사용하자는 합의로 인하여 우리나라에서도 본격적으로 사용한 용어이다.
- 유엔에서 2015년에 발표한 지속가능발전 17개 과제(SDGs) 중에서 5번째 과제명도 성평등(gender equality)이다. 성평등이라는 용어는 국제사회에서 일반화된 용어이다. 그래서 세계시민교육을 하고 있는 교육자들은 성평등이라는 용어를 자주 사용한다. 현재 여성가족부의 영어 명칭도 Ministery of gender equality and family이다

양성평등기본법에서의 성 주류화

성 주류화(gender-mainstreaming)의 개념은 입법, 사법, 행정, 그리고 지방자치단체의 직무수행과정에서 성평등 관점의 통합을 규정하고, 이하 4개 조에 걸쳐 도구적 기능을 하는 4G(성별영향분석평가, 성인지 예산, 성인지 통계, 성인지 교육)를 두고 있다.

주류화의 개념도 그 외연이 비교적 넓은 편이라, 법적 규정과 달리 성 주류화를 '여성들이(성평등의식과 관계없이) 기존 주류에 들어가려 애쓰는 것'으로 치부하는 경우가 있다. 하지만 우리는 보통 남성들이 주류에 들어가려고 애쓰는 것은 자연스러운 일로 생각한다.

정치, 정책적 의사결정, 경제활동의 영역에 남녀가 동등하게 참여하는 것은 바람직한 것이며, 정책적 차원에서는 여성의 경험과 현실을 반영하여 기존 남성 경험 중심적 주류를 성평등하게 변환시켜 나가야 한다.

출처: 국가인권위원회 〈인권교육 기본용어〉

영화 '루즈 베이더 긴즈버그: 나는 반대한다'

루즈 베이더 긴즈버그(Ruth Bader Ginsburg 1933~)는 남녀차별이 당연시되던 시대에 태어났다. 1950년대 하버드대학교 로스쿨에서 전체 학생의 2%에 해당하는 9명의 여학생 중 한 명으로서 수석 졸업을 하고 두 아이를 키우며 법대 교수가 된다.

긴즈버그는 1970년대에 우연히 남성 보육자와 관련된 사건을 접하게 된다. 그녀는 이것이 남성의 역차별 사건이며 성차별의 근원을 무너뜨릴 수 있는 50년 전쟁의 포문을 열 열쇠라는 사실을 직감한다. 이후 남편과 딸의 지지에 힘입어 178건의 합법적 차별을 무너뜨릴 세기의 재판에 나선다. 지금은 미합중국 대법원장을 하고 있다.

영화 〈루즈 베이더 긴즈버그: 나는 반대한다〉에서 긴즈버그는 "여성에게 특혜를 달라는 것이 아닙니다. 우리의 목을 밟고 있는 발을 치워달라는 것뿐입니다"라고 주장한다.

영역 3 30분

slide 17

데이트폭력의 실태

 # 서울시(2017)

- 서울 거주 여성 2천 명 대상으로 4가지 유형인 행동통제, 언어·정서·경제폭력, 신체폭력, 성폭력 설문조사를 했는데, 데이트폭력 경험이 88.5%이다. 기혼자 중 46.4%는 상대방과 결혼하였고, 결혼 후 17.4%는 가정폭력으로 지속됨

 # 한국여성의 전화(2016)

- 여성 피해 92%, 여남 쌍방 피해 3.9%, 남성 피해 3.9%

 # 대한민국 경찰청(2015)

- 2010년부터 2015년 8월까지 5년간 연인이나 헤어진 연인으로부터 살해당한 여성은 총 645명(연 129명으로 3일에 1명꼴 살해)

◎ 대한민국의 데이트폭력은 심각한 상황이다. 서울특별시에서 조사한 설문 결과 데이트폭력 경험은 88.5%이다. 지나친 행동통제도 데이트폭력에 포함하였기에 상당히 높은 결과가 나온 것이다. 아직도 많은 젊은이들은 행동통제를 애정행위라고 생각한다.

◎ 행동통제 유형은 다양하다. 옷 입는 것과 화장하는 것을 간섭하거나 지시하는 것, 누구를 어디서 만나는지 보고하도록 하거나 시간을 정해 놓고 귀가하도록 하는 것, 상대의 휴대폰 비밀번호를 알고서 일일이 확인하는 것 등 지나치게 사생활을 통제하며 괴롭히는 일련의 행동은 폭력으로 간주 된다.

◎ 통계에 의하면, 데이트폭력을 당하면서도 46.4%는 결혼을 하고 결혼 후에 17.4%는 가정폭력으로 지속된다고 한다. 학교에서는 학생들에게 교제를 하면서 작은 일도 서로 상의하면서 상대방의 의견을 존중하는 이성교제를 하도록 성평등교육 차원에서 데이트폭력 예방교육을 충실히 할 필요가 있다.

◎ 현재 학교폭력의 다양한 유형 중에서 데이트폭력은 증가 추세에 있다. 우리 교육자들은 데이트폭력은 성폭력이라는 인식을 갖고 만 18세 미만의 아동에 대한 성인지감수성을 높이는 인권교육을 학교 교육과정으로 충실히 해야만 한다.

slide 18

데이트폭력의 원인

1. 가부장적 사회로 인한 성역할 고정관념의 고착화
   - 남자는 ~, 여자는 ~ / 남자다움은 ~, 여자다움은 ~

2. 데이트폭력의 개념조차 모르는 상황

3. 강압적·일방적 스킨십이 낭만적으로 묘사하는 왜곡된 미디어
   - 터프하며, 데이트 비용 등 모든 것을 책임지는 남자가 멋진 남자 행동통제는 애정

4. '너는 내 것'이라는 강한 소유의식
   - 옷, 화장, 시간, 장소 등 통제. 여성의 도구화·대상화

5. 학교에서도 가정에서도 인권교육* 부실
   - 가정 및 학교에서의 인권교육 부실로 인하여 상대의 말을 존중하지 않는 이성교제 문화

◎ 요즈음 남녀 간의 데이트는 10대부터 시작됨으로 성교육의 일환으로 올바른 이성교제 교육을 충실히 해야 한다. 특히 영화나 멜로드라마의 액션과 일상생활에서의 상호 존중의 애정관계는 큰 차이가 있음을 교육해야 한다.

◎ **올바른 성적 의사소통**

- 양동욱 심리학 교수의 설문조사에 의하면, 남성의 78%는 여성의 거절에도 불구하고 지속적으로 성관계를 요구하며, 여성의 62%는 남성의 요구에 어쩔 수 없이 또는 물리적인 힘에 의해 관계를 갖는다고 한다.
- 남성은 여성의 언어인 '싫어' 또는 '안 돼'의 거절에 내포된 다양한 이유에 대하여 이해하기

1. 전통적인 성규범(결혼관, 미래의 약속)
2. 현재의 관계와 성관계 이후의 관계
3. 자신의 개방성
4. 현실적 고민(임신, 성병 등)

- 여성은 자신의 성적 욕망의 한계를 진지하게 분명히 말해야 하며, 남성은 상대의 거절을 존중하며 그대로 수용해야 한다. 그런 자세가 존중과 배려의 소통관계를 만드는 것이다.

| 인권친화적인 교과서 집필 고려사항 |

1. 가부장제 사회의 성별에 대한 정형화된 성역할 고정관념이 나타나지 않도록 해야 함

2. 성별에 따라 특정 성향을 갖거나 행위를 한다는 식의 고정관념이나 편견이 나타나지 않도록 해야 함

3. 다문화 배경을 가진 학생을 교과별로 고르게 배치해야 하며, 주변 인물로만 다루기보다 학습 활동의 중심인물로 묘사할 필요가 있음

4. 장애인을 배려나 보호의 대상으로만 묘사하기보다는 일상적이거나 중심적인 인물로 다루어야 하며 다양한 모습으로 그려내야 함

5. 가족을 다룰 때에는 정형화된 모습(부모+1,2명의 자녀)뿐만 아니라 다양한 형태(한 부모 가정, 조손 가정 등)를 제시할 필요가 있음

6. 등장인물의 연령을 다양하게 제시해야 하며, 중장년층이나 노년층의 비율을 강화해야 함

7. 등장인물의 외모나 모습 등을 다양하게 그려야 함

8. 특정 직업에 대한 편견이나 차별이 담긴 표현 등이 나타나지 않아야 함

9. 교과서의 원작자가 따로 있는 문학작품, 동요 등을 가져올 때 특정 집단에 대한 차별이나 고정관념이 들어있는지에 대해 반드시 검토해야 함

10. 특정 장소 및 지역에 대한 편견이 없어야 함

출처: 2018년 국가인권위원회 교과서 24권 모니터링 결과 보고

토론 및 발표 50분

◎ **방식** | 원탁토론

아래에 제시된 인권의식이 낮은 이유를 4가지 영역으로 구분하고, 4개의 분임으로 나누어서 토론하고 발표 및 질의응답을 하는 시간을 갖는다.

우리 국민의 인권의식은 왜 낮은가?

1. **사회문화적**으로는 뿌리 깊은 유교문화와 가부장적 사회구조
2. **정치적**으로는 36년간 일제식민통치, 남북 분단, 장기간 군부독재로 인한 상명하달식 조직문화
3. **경제적**으로는 고속 성장과 빈부격차(사회 양극화)로 인한 황금만능주의
4. **교육적**으로는 학력·학벌주의, 경쟁교육, 고진감래형 교육으로 인성교육 부실

마음 나누기 친구 더하기

이해인

마음을 나누면 친구가 생기지요
친구가 있으면 행복이 피어나요
다 함께 사랑을 다 함께 희망을
기쁘게 나누어요 손잡고 나아가요

친구가 있으면 먼 길도 가깝지요
힘들고 지쳐도 웃음이 피어나요
나부터 새롭게 지금부터 새롭게
사랑의 나눔을 손잡고 시작해요

마음 나누기 친구 더하기 우리는 하나
아름다운 세상 만들어가요
꿈꾸며 사랑하며 행복한 세상 만들어가요

3 다인종·다문화사회에서의 상호문화교육 방안

학습 목표	대한민국은 곧 OECD 기준으로 이주배경인구가 전체 인구의 5%인 다인종·다문화 국가로 진입한다. 현재도 국내체류 외국인이 250만명이 넘는 다문화사회이다. 본 수업에서는 다문화사회를 살아가는 우리 학생들이 다양성과 차이를 존중하고 소통과 배려의 가치를 실천하는 글로벌시민성(Global Citizenship)을 함양하기 위한 상호문화교육 방안과 주요과제를 논의한다.
학습 내용	- 다문화사회의 역사적 배경 - 다문화사회의 현황 및 관련 법과 제도 - 상호문화교육의 방향과 과제
학습 방법	질의응답식 강의, 동영상 시청 및 소감 발표, 분임토론 및 원탁토론

단계	교수·학습 활동	시간	자료
도입	사건, 사고 뉴스 및 기관 제작 영상 등 제공	10분	동영상
	참석자 개인별 소감 언급	10분	
전개	영역1 다문화사회의 역사적 배경	30분	Slide 블로그 유튜브
	영역2 다문화사회의 현황과 관련 정책	30분	
	휴식 10분		
	영역3 상호문화교육의 방향과 교육과제	30분	
정리	토론 주제: 다문화사회에서의 편견과 차별 사례	30분	전지 포스트잇
	분임별 발표 및 질의·응답	20분	
	정책 제안	10분	

* 영역별로 나누어진 30분은 내용에 따라서 변동이 가능함

도입 20분

slide 1

다문화교육 정책

Youtube에서 Keyword '다문화교육 정책'으로 검색

https://www.youtube.com/watch?v=Hp4Z1I6kAdc&t=493s

여러분. 동영상을 시청하시고 정부의 다문화교육 정책이나 정책학교 운영에 대하여 소감을 한 분씩 돌아가며 이야기해 봅시다.

◎ 동영상을 시청하고 정부와 시도교육청이 지원하는 다문화교육 정책에 대하여 느낀 점을 한 분씩 돌아가며 이야기를 해보자.

slide 2

문화, 다문화 및 다문화사회의 개념

○ 문화는 생활공동체의 사고(가치, 신념, 지식, 감정 등)와 행동양식(의식주 등)을 의미한다. 따라서 문화는 인간 존재의 다양성과 차이를 드러내는 속성을 갖고 있어서 모든 인간관계는 다문화적 관계라 할 수 있다.
 * 연인관계, 부부관계, 동료관계는 다문화적 관계

○ 문화는 본질적으로 새로운 것을 받아들이고, 섞이고, 또 다른 새로운 것을 만들어 가면서도 고유한 특성은 유지하는 속성이 있다.

○ 다문화사회는 전 세계 5대양 6대주에서 온 다양한 문화와 국적을 가진 사람들이 차별 받지 않고 공존하면서 일곱 빛깔 무지개처럼 조화를 이루며 살아가는 성숙한 사회이다. (박길남, 2014)

영역 1 **30분**

slide 3

재외동포 732만 명 176개국 거주

○ **재외동포란?**

재외국민(외국 영주권자와 유학생 등 해외체류자)+외국국적동포(시민권자)

* 재외동포의 출입국과 법적 지위에 관한 법률(재외동포법) 제2조(정의)

○ **재외동포 거주지역(2020.12월 통계)** * 중국+미국+일본에 79% 거주

- 중국: 235만 명
- 미국: 263만 4천 명
- 일본: 81만 9천 명
- 독립국가연합(CIS, 구 소련): 49만 명
- 케나다: 23만 7천 명
- 유럽: 67만 7천 명, - 중남미: 9만 명

◎ 많은 사람들이 재외동포를 해외동포라고 한다. 법적으로 사용되는 공식 명칭은 재외동포(在外同胞)이다. 재외동포는 외국 영주권자와 유학생, 그리고 외국의 시민권자를 포함한 개념이다.

◎ 대한민국으로부터 외국으로 나가서 사는 인구가 약 732만 명이 넘고, 외국에서 대한민국으로 들어와 사는 이주배경인구*는 220만 명(2020년)이 넘으니, 우리나라는 오래전부터 다문화국가라고 볼 수 있다. 재외동포 732만 명 중에 중국, 미국, 일본에 약 79%가 거주하고 있다.

◎ 독립국가연합 지역 거주 고려인(일명, 카레이스키)은 스탈린 시절에 러시아 연해주 지역에 거주하다가 일본군과 내통한다고 중앙아시아로 쫓겨난 이주민이다.

◎ **이주배경인구란?**

이주배경인구는 본인 또는 부모 중에서 최소 1명이 외국 국적인 사람, 귀화자, 이민자 2세, 외국인 인구를 합해 산출한다. 경제협력개발기구(OECD)는 이주배경인구가 총 인구의 5%를 넘으면 다인종·다문화 국가로 분류한다.

국내체류외국인은 252만 명(2020년)으로 국내에 장기 또는 단기로 체류하는 외국인을 의미하며 이주배경인구와는 다른 개념이다.

slide 4

대한민국의 이주 역사

○ 1860년대 함경도와 평안도 지역의 흉년으로 주민들이 대거 간도(만주 지역의 길림성연변자치구)로 이주

○ 1903년 1월부터 1905년 8월까지 미국 하와이 사탕수수 농장에 7,226명 이민
- 1905년 일본과의 을사조약 이후, 멕시코 애니깽 농장으로 1,033명 이주

○ 1949년 중화인민공화국 수립 시, 조선인은 소수민족 자치를 인정받아 '조선족'이라는 명칭 사용. 현재 동북 3성에 약 200만 명의 조선족 동포 거주

○ 1963년~1977년까지 서독에 광부 약 8백 명과 간호사 약 1만 명 파견

○ 1973년부터 1980년대 초반까지 중동 근로자 매년 10만명 진출

○ 1980~90년대 미국과 호주 이민
- 1965년 미국 존슨 대통령의 '수정 이민법' 통과 이후에 미국 이민 본격 시작
- 현재 미국 재외동포 209만 명

◎ 다문화교육을 시작할 때는 반드시 대한민국의 이주역사를 언급해야 한다. 가장 먼저 우리 민족이 조선시대에 심한 흉년으로 만주의 간도 지역으로 이동했던 1860년대와 1949년에 중화인민공화국이 수립하면서 조선족이라는 자치구가 형성되기까지의 중국 거주 상황을 설명할 필요가 있다.

◎ 아메리카 대륙으로의 이주는 1900년대의 미국 하와이 농장과 멕시코 애니깽 농장 이야기를 해야 하는데, 당시 우리 민족이 당한 인종차별을 생각하는 시간을 가지면 좋다.

◎ 유럽으로의 이주는 박정희 대통령 시절에 차관을 얻기 위해 서독으로 파견한 간호사와 광부의 이야기를 언급한다.

◎ 중동 지역으로는 거의 10년 이상을 근로자들이 매년 10만 명 이상 진출을 했다. 이산가족이 많이 생기게 되었으나 대한민국이 '보릿고개'라는 가난한 사회에서 벗어나는 결정적인 계기가 되었다.

◎ 미국과 호주로의 이민은 1980년대부터 본격적으로 시작되었으며, 새로운 삶을 개척하기 위하여 희망을 안고 떠난다는 뜻으로 '아메리칸 드림'이라고 했다.

slide 5

아메리칸 드림과 코리안 드림

○ 아메리칸 드림을 안고 뉴욕항으로 들어가는 이민자들이 가장 먼저 보게 되는 자유의 여신상의 주춧돌에 새겨있는 시

고단한 사람들이여,
가난한 사람들이여,
자유로이 숨쉬기를 갈망하는 사람들이여,
다 내게로 오라
- Emma Lazarus -

○ 동남아시아의 코리안 드림은 1986년의 제10회 아시아경기대회와 1988년 제24회 올림픽 경기를 계기로 증가
- 국내체류 외국인: 2007년 100만 명, 2016년 200만 명, 2020년 252만 명

◎ 아메리칸 드림은 미국에 가면 무슨 일을 하든 행복하게 잘 살 수 있으리라는 희망을 뜻한다.

◎ 아카데미 상을 수상한 영화 '미나리'는 1980년대에 미국으로 이민한 한 가정의 애환을 그린 영화이다. 이 영화를 보고 미국이민사를 공부하면 좋을 것 같다.

◎ **American Dream**

미국 사람들이 갖고 있는, 미국적인 이상 사회를 이룩하려는 꿈. 다수 미국인이 공통된 소망으로, 무계급사회, 경제적 번영, 압제가 없는 자유로운 정치체제의 영속 따위를 이루려는 것이다.(표준국어대사전)

slide 6

고용허가제와 방문취업제

○ 1993년 11월 중소기업체의 심각한 인력난 해소를 위하여 산업연수생 제도 도입

○ 1999년 8월 '재외동포의 출입국과 법적 지위에 관한 법률(재외동포법)' 제정

○ 2003년 8월 '외국인근로자의 고용 등에 관한 법률(고용허가제법)' 제정

○ 2004년 8월부터 고용허가제 시행
- 산업연수생 제도는 2006년까지 병행시행 후, 2007년 1월부터 고용허가제로 통합
- 15개국 국가와 양해각서(MOU) 체결. 노동관계법 적용, 비전문취업비자(E-9) 발급

○ 2007년 3월 방문취업제(* 특례고용허가제) 도입
- 중국(조선족) 및 구소련(고려인) 거주인들에게 입국 문호와 방문취업 기회 확대
 * 만 25세 이상 동포에게 최대 4년 10개월의 방문취업비자(H-2) 발급

◎ 재외동포가 732만 명이나 된다는 사실에 대한 역사적 배경을 설명하였다면, 이제 국내 유입 외국인의 수가 급속히 증가하여 252만 명이나 된다는 이유를 설명할 차례이다.

◎ 1993년 국내 인력난 해소를 위하여 산업연수생 제도를 도입한 상황을 먼저 언급할 필요가 있다. 산업연수생은 근로기준법을 적용받는 정식 근로자가 아니어서 국내의 많은 사업장에서는 산업연수생을 편법으로 이용하면서 다양한 노동인권침해를 하였다. 그로 인하여 불법체류도 증가하였다.

◎ 산업연수생 제도는 '현대판 노예제도'라는 말이 회자될 정도로 문제가 많아서 정부에서는 2003년 8월 '외국인 근로자의 고용 등에 관한 법률(고용허가제법)'를 제정하고 이듬해인 2004년 8월부터 고용허가제를 시행하였다. 처음에는 15개국과 MOU를 체결하고 외국인 근로자에게 정식으로 비전문취업비자(E-9)를 지급하고 노동관계법을 적용받는 자격으로 국내에서 노동을 할 수 있도록 하였다.

◎ 고용허가제가 시행된 3년 후에, 우리의 동포인 조선족과 고려인에게는 특혜를 주기 위해 소위 특례고용허가제라는 방문취업제를 도입하였다. 그래서 그들은 만 25세 이상인 경우 최대 4년 10개월의 방문취업비자(H-2)를 받고 국내에서 취업을 할 수 있게 되었다.

slide 7

- 1992년 한중 수교 이후 조선족 동포 여성의 국제결혼과 2005년 이후의 베트남 여성의 국제결혼 증가로 인하여 결혼중개업소가 우후죽순으로 생기면서 사진만 보고 결혼하는 속성결혼이 증가하였다. 이로 인하여 외국인 여성에 대한 인권침해 문제와 가정폭력 등 다양한 사회적인 문제가 발생하였다.
- 정부에서는 국제결혼과 관련한 다양한 문제를 해결하기 위하여 2010년에 출입국관리법 시행규칙으로 결혼이민비자(F6)를 신설한 후, 결혼 신청자에 대한 혼인의 진정성, 범죄경력, 건강 상태, 배우자의 경제적 능력 및 국제결혼 안내 프로그램 이수 여부 등을 종합적으로 심사한 후 속성결혼 문제를 해결하였다.
- 한국에 체류하는 외국인이 급속도로 증가하는 이유는 지금까지 설명한 바와 같이 고용허가제와 방문취업제로 외국인 근로자들이 대거 유입을 하고 있으며, 국제결혼의 대중화 현상으로 결혼이민비자가 신설되면서 귀화자들이 늘고 있기 때문이다.

영역 2 30분

slide 8

한국의 체류 외국인 현황

○ 국내 체류 외국인은 2,524,656명(2019. 12. 출입국외국인정책본부)
- 중국(110만 1천), 베트남(22만 4천), 태국(20만 9천), 미국(15만 6천) 등

○ 다문화가정 학생은 총 122,212명(2018. 교육부), *137,225명(2019. 교육부)

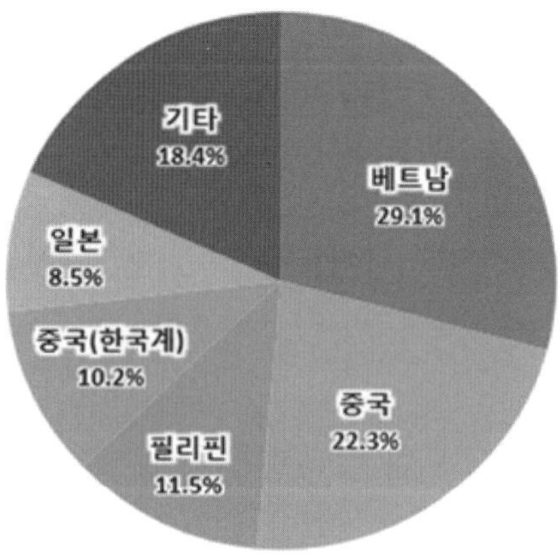

2018년 국적별 다문화학생 비율

(단위 : 명, %)

국가	다문화 학생 수	비율
계	**122,212**	**100.0**
베트남	35,568	29.1
중국(한국계 제외)	27,200	22.3
필리핀	14,093	11.5
중국(한국계)	12,522	10.2
일본	10,363	8.5
기타	22,466	18.4

주) 기타에는 태국, 몽골, 러시아, 미국, 대만, 인도네시아, 유럽, 아프리카, 오세아니아, 남부아시아, 중앙아시아, 기타 국가가 포함

- 국내 체류 외국인의 수는 2019. 12월 출입국외국인정책본부 총계에 의하면 252만 4천 명이 넘는다. 중국계가 110만 1천 명으로 가장 많고, 이어서 베트남이 22만 4천 명, 태국이 20만 89천 명이다.

- 다문화가정 학생은 2019년 교육부 통계에 의하면 13만 7천 명이 넘는다. 국적별로 구분하면 베트남 29.1%, 중국(한국계) 10.2%, 중국(한국계 제외) 22.3%, 필리핀 11.5%, 일본 8.5%이다. 참고로 중국 학생의 국적별 통계는 한국계와 비한국계로 구분하여 산출한다.

slide 9

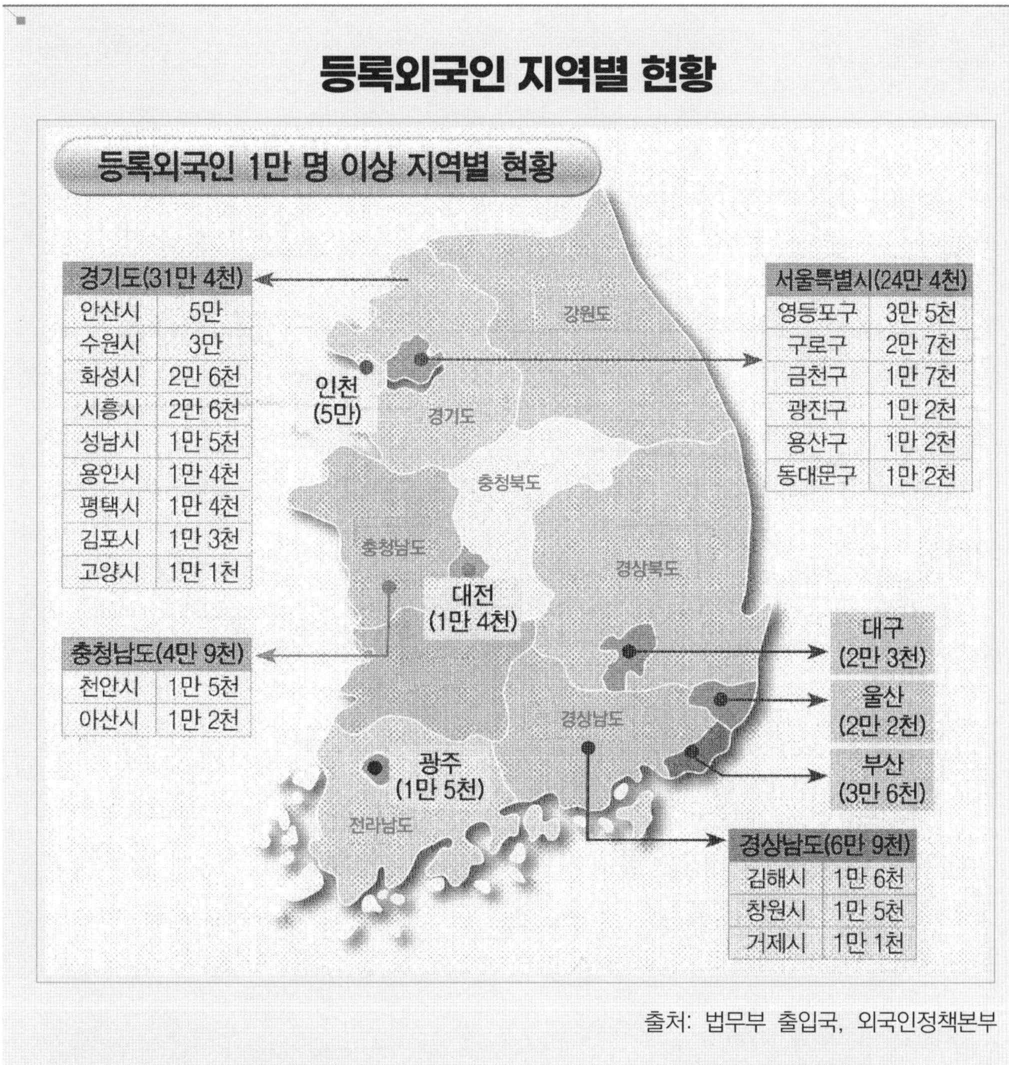

- 등록외국인은 정식으로 외국인등록증이나 거소증을 발급받은 외국인을 말한다.
- 출입국관리법 제31조에 의거 90일을 초과하여 대한민국에 체류하고자 하는 외국인은 입국한 날로부터 90일 이내에 외국인등록증을 발급받아야 한다. 재외동포(F-4비자)가 국내에서 30일 이상 체류하면서 경제활동(은행계좌, 병원) 등을 하려면 반드시 거소증을 만들어야 한다.

slide 10

전국 주요 다문화 마을

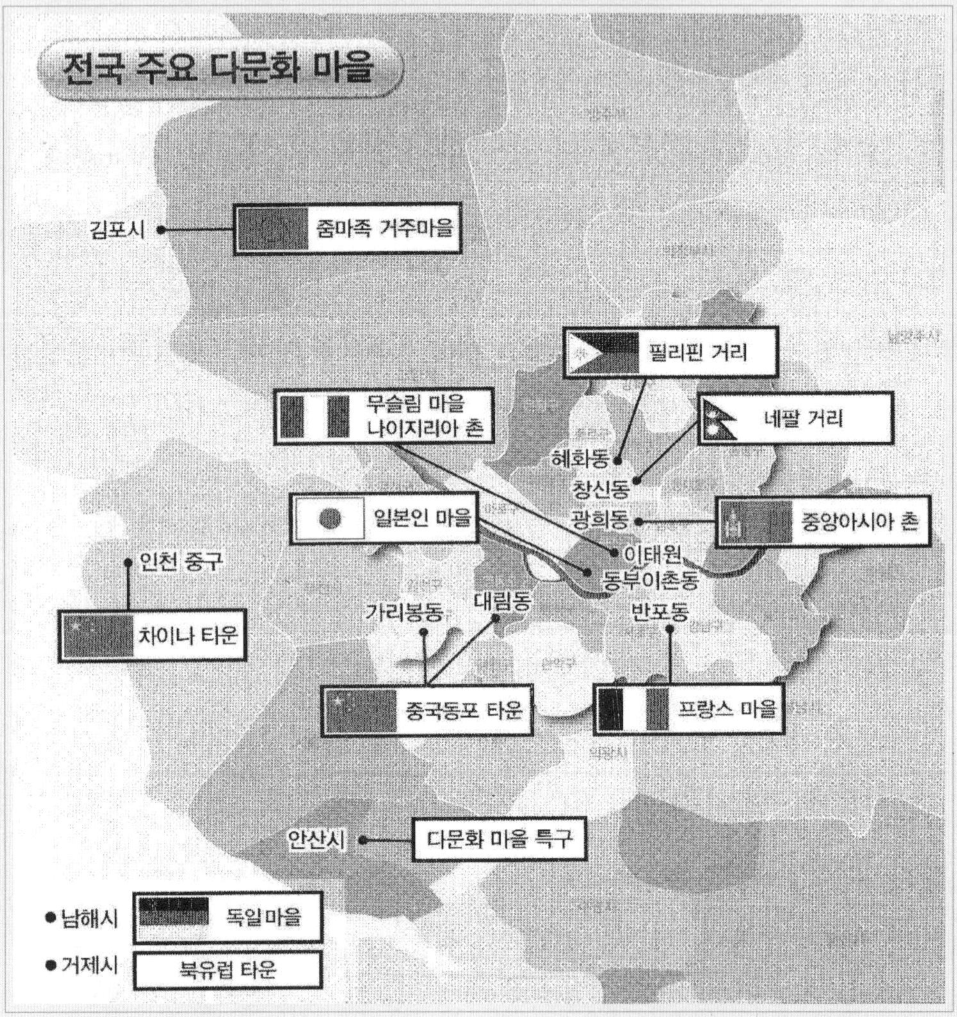

출처: 박길남, 〈빗물이 흘러 강이 되는 다문화〉

- 안산시는 대표적인 다문화 도시로 현재 약 5만 명의 등록외국인 거주하며, 영등포구 대림동과 구로구 가리봉동 일대는 2만 명의 중국동포들이 거주하는 '중국동포 타운'이 있다. 안산시는 2005년 전국 최초로 〈거주 외국인 지원조례〉와 〈인권조례〉를 제정하였다. 2008년 '외국인지원센터' 설립하였으며, 정부는 '국경 없는 마을'로 알려진 안산시 원곡동 일대를 2009년 5월에 '다문화마을 특구'로 지정하였다.

- 용산구 이태원은 서울의 '다문화 1번지'로서 현재 외국인이 약 2,500여 명이 거주하고 있다. 지금은 용산 미군기지 이전으로 그 자리에 '무슬림 마을'과 '나이지리아 촌'이 생겼다. 이태원에는 국내 최대의 이슬람사원인 '한국이슬람중앙회'를 중심으로 '무슬림마을'이 있다.
- 이태원 해방촌 근처에는 IMF 이후 외국인투자촉진법에 의거 기업투자비자(D-8)로 들어온 나이지리아인들의 거주지역인 '나이지리아촌'이 있다.
- 서울, 경기, 인천의 수도권에 외국인 등록을 한 중국동포 32만 명 중 84%인 27만 명이 거주하고 있다. 서울은 대림동과 가리봉동에 대거 거주하고 있으며, 대림동은 주민의 40%가 중국인이다.
- 외국인 지역별 특성을 고려하여 이태원, 이촌, 역삼, 서래, 연남, 영등포, 성북, 금천에 8개의 '글로벌 빌리지 센터'가 운영 중이다. 센터에서는 한국어 및 컴퓨터 공부, 한국 문화 이해 및 체험교육, 자원봉사 프로그램 운영한다.

slide 11

대한민국의 초중고별 다문화학생 현황 (2019)

유형		초등학교	중학교	고등학교	각종 학교	계
계		103,881	21,693	11,234	417	137,225
국제결혼	국내출생	83,602	15,891	8,464	112	108,069
	중도입국	5,148	2,131	1,220	198	8,697
외국인 가정		15,131	3,671	1,550	107	20,459

(참고) 다문화 학생수 = 국제결혼가정 자녀(국내 출생+중도 입국)+외국인 가정

- 국내 다문화학생*은 코로나19 팬데믹 상황 이전인 2019년에는 총 137,225명이며 아직까지는 초등학교에 103,881명인 75.7%의 학생이 재학 중이다. 외국인 가정(14.9%)이나 중도입국자녀(6.3%)보다는 국내출생자녀(78.7%)가 많다.

다문화가족이란?

다문화가족지원법 상 다문화가족은 결혼이민자와 대한민국 국민으로 이루어진 가족, '국적법'에 따라 인지 또는 귀화로 대한민국 국적을 취득한 사람과 대한민국 국민으로 이루어진 가족을 말한다. 외국인 부부, 동포 간의 혼인은 다문화가족이 아니다. 그래서 난민신청자나 난민을 포함한 이주민 가족들은 다양한 지원에서 배제된다.

독일 메르켈 수상의 깜짝 고백

"독일은 다문화주의 사회 건설에 실패 했어요"

독일은 이주자들의 임금 차별을 없애고 정주를 허락하는 등 공정한 대우를 하였으나, 이주자들을 함께 만들어가는 사회의 시민으로 인정하고 결합하고 융화하는 노력을 기울이지 않아서 소수 이주자만이 독일 사회에 진출하여 성공하였고 나머지는 자기문화 속에 고립되거나 격리된 채 살고 있다는 것이다.

따로따로 공존하는 평행선 사회를 만들었다는 자조적인 고백이다.

slide 12

다문화가정의 유형별 특성

1. 국제결혼 가정: 국내출생자녀(53%)
   - 한국인과 결혼한 외국인 배우자 사이에서 출생한 자녀
   - 생활 한국어의 어려움은 적으나, 학습 한국어 미숙으로 기초학력 미달
   - 다문화 배경을 드러내기 꺼려하는 경향이 있음

2. 국제결혼 가정: 중도입국자녀(11%)
   - 결혼이민자가 한국인과 재혼한 이후 본국에서 데려온 자녀
   - 국제결혼가정 자녀 중 외국인 부모의 본국에서 성장하다 입국한 자녀
   - 한국어 미숙 등으로 학교 편입학이 어려움, 기초학력 미달, 은둔형외톨이
   - 입국 후 재혼가정 및 한국문화 적응, 정체성 혼란 문제 심각

◎ 국제결혼 가정은 다문화가정의 64%이다. 국내 출생이 53%이어서 2019년 현재 초등학교에 재학 중인 학생은 전체 학생의 75.7%나 된다.

◎ 중도입국 다문화가정 자녀는 다양한 어려움으로 정체성의 혼란을 겪게 되며 학업의욕을 상실하고 은둔형외톨이로 지내거나 아예 학교 밖 청소년이 되기도 한다. 중도입국자녀의 학교 적응과 기초학력 보장을 위한 정부와 교육청의 체계적인 지원이 절실한 상황이다.

slide 13

다문화가정의 유형별 특성

3. 외국인 가정 자녀(26%)

- 외국인 근로자 및 유학생, 재외동포 등 외국 국적 부부 사이에서 출생
- 일부 미등록자(불법체류자) 자녀의 경우 교육 지원 미흡
  * 2019년 불법체류자 370,889명(법무부), 전체 국내체류자의 15% 정도
  불법체류국가: 태국인 14만, 중국인 7만 등
- 한국어가 서툴고 낮은 학업성취

4. 난민 가정 자녀

- 2013년 7월 아시아 최초 난민법 시행
- 난민 인정자 중 18세 미만 미성년 인정자는 미미한 수준(2013. 28명)
  * 2019년 현재 난민 인정자는 936명(전체 신청자의 2%)
  * 정치적 갈등, 인종, 종교 등의 이유로 난민 신청
- 2018년 무사증입국허가 지역인 제주도에 예멘 난민 549명 입국, 2명 난민 인정

◎ 외국인 가정 중에는 미등록자들이 국내 체류자의 15% 정도이다. 이들의 자녀도 법령에 의거 국내의 학교를 다닐 수 있으나 부모들의 지원이 부실하여 기초학력이 매우 낮은 상태이다. 중도입국자녀에 대한 교육청과 학교의 세심한 지원이 요구된다.

◎ 대한민국은 아시아에서 유일하게 난민을 받아들이는 국가이다. 난민으로 인정받은 가정의 자녀교육에 대하여 차별을 하지 않고 충실히 지원하는 정책과 제도가 필요한 상황이다.

◎ 형식적 평등과 실제적 평등

실제적 평등은 모든 이들에게 같은 것을 균등하게 나누어 주거나, 같은 기회를 부여하는 것이 아니라 처해 있는 **현실적인 조건을 고려하여, 평등한 상황을 보장**하여 주는 것이다.
https://blog.naver.com/herrihm103/221147029623

◎ 적극적 평등 실현 조치(affirmative action)

1. 기회의 평등보다는 결과의 평등(실질적 평등)을 추구하는 정책이고,
2. 개인보다는 집단에 초점을 맞춘 개념이며,
3. 항구적인 정책이 아니라, 구제의 목적이 달성하게 되면 종료하게 되는 잠정적 조치

slide 14

다문화가정의 유형별 특성

5. 탈북인 가정 자녀

- 2021년 국내 탈북민 수 33,815명(여성 72%)
  * 2019년 초중고 재학 중인 탈북학생 2,531명
  (탈북학생의 특성) https://blog.naver.com/herrihm103/221263648828

2019년 탈북학생 통계분석 결과

(단위: 명, %)

구분	초등학교		중학교		고등학교		기타학교		계	
	학생 수	비율	학생 수	비율	학생 수	비율	학생 수	비율	학생 수	비율
북한출생	237	(27)	288	(39)	378	(50.3)	79	(48.2)	982	(38.8)
중국 등 제3국 출생	640	(73)	450	(61)	374	(49.7)	85	(51.8)	1,549	(61.2)
계	877	(100)	738	(100)	752	(100)	164	(100)	2,531	(100)

※ 2019. 4. 기준

◎ 탈북민은 법률상으로 북한이탈주민이라고 하며 '북한에 주소, 직계가족, 배우자, 직장을 두고 있는 사람으로서 북한을 벗어난 후 외국 국적을 취득하지 아니한 사람'이다. 법리적으로는 탈북민의 자녀가 북한에서 태어나지 않고 제3국에서 태어났다면, 탈북민은 아니다. 그러나 교육부에서는 만 18세 미만의 아동에 대한 교육권을 보장하기 위하여 제3국에서 태어난 자녀도 탈북학생 교육정책에 포함하여 지원하고 있다.

◎ 탈북인 가정 자녀는 다른 다문화가정의 자녀와는 다음과 같이 특별한 특성을 갖고 있으므로 교육 방법을 달리할 필요가 있다.
첫째, 탈북 과정에서 가족을 잃거나 북한에 남기고 온 슬픔과 괴로움, 탈북 후의 은둔생활에서의 불안과 인권침해. 부모 재혼과 가족 간의 대화 단절로 인한 외로움
둘째, 언어의 차이와 문해 능력 부족, 학령과 학력의 차이, 장기간의 학습 공백, 생존·안전·소속감 문제가 해결되지 않은 상태에서의 학습 부담, 학교 교육과정의 현격한 차이, 지속적인 도움이 없는 상태에서의 진로 선택 고민
셋째, 한국인의 탈북민에 대한 부정적 정서와 거부감으로 출신을 숨기려는 마음, 그로 인하여 친구들과 어울리지 못하는 고립감. 사회문화적인 차이로 인한 학교 부적응

영역 3 30분

slide 15

세계인권선언 이후의 국제법

- 1948. 12. 10. 세계인권선언
- 1966. 인권에 관한 국제규약 채택
  A 규약 또는 사회권 규약(경제적·사회적·문화적 권리에 관한 국제규약)
  B 규약 또는 자유권 규약(시민적·정치적 권리에 관한 국제규약)
- **1965. 인종차별 철폐에 관한 협약**
- 1979. 여성에 대한 모든 형태의 차별 철폐에 관한 협약 ·
- 1984. 고문 방지 협약
- 1989. 아동 권리 협약 (* 대한민국은 1991년 비준)
- **1990. 국제 이주노동자 권리 협약**
- 2006. 장애인 권리 협약
- 2006. 강제실종 보호 협약

유엔에서는 세계인권선언을 발표한 지 18년 만에 국제법의 효력을 갖는 경제적·사회적·문화적 권리에 관한 규약(사회권 규약)과 시민적·정치적 권리에 관한 규약(자유권 규약)을 1966년에 발표하였다. 대한민국은 이 두 개의 협약에 1990년 7월 10일에 가입하였다.

용광로 사회와 모자이크 사회

대한민국은 2, 3년 후에는 국제사회가 인정하는 다인종·다문화사회를 맞이한다. 더 이상 '단일민족 사회'(homogeneous society)라는 용어를 사용하지 않는다.

과거 미국은 '용광로(melting pot) 사회'의 기치 아래 "하나로 뭉치는 사회"를 강조했었다. 그러나 지금은 출신이 다른 인종이 모여 하나가 되기보다는 저마다 독자적 색깔을 갖는 '모자이크 사회(mosaic society)'를 지향한다. 이를 두고 다양한 채소를 집어넣는 '샐러드 접시 요리(salad bowl)'나 여러 가지 채소를 뒤섞어 만드는 '토마토 죽(tomato soup)' 사회가 되어간다고 말하기도 한다.

slide 16

다문화 관련 법령 및 제도

○ 1963년 3월: '출입국관리법' 제정
- 2002.4. 출입국관리법 시행령 개정: 재한 화교, 50만 달러 이상 투자, 5명 이상 한국인 고용 외국인이 거주자격(F2)으로 5년 이상 국내 거주하면 영주(F5) 자격 부여

○ 1997년 IMF 직후: '외국인투자촉진법' 제정

○ 2004년 8월: '외국인 근로자의 고용 등에 관한 법률'(고용허가제법) 시행
- 2007년 3월 방문취업제 도입: 만 25세 이상 조선족과 고려인 동포에게 자유로운 모국 방문 허락 및 방문취업(H2) 복수비자 발급

○ 2007년 5월: '재한 외국인 처우기본법' 제정

○ 2008년 3월: '다문화가족 지원법' 제정

○ 2010년 5월: 제10차 '국적법' 개정
- 복수국적 허용: 해외우수인재, 65세 이상 고령 동포, 해외입양인과 결혼이민자

○ 2013년 7월: '난민법' 시행

출처: 네이버 블로그 〈교육내시경〉

◎ 2004년 고용허가제법이 시행되면서 외국인 근로자도 국내 노동자와 마찬가지로 근로기준법 등 노동관계법의 적용을 받고 있다. 그래서 외국인 근로자에 대한 노동인권 침해는 현격히 줄어들고 있다.

◎ 2008년에 제정된 다문화가족 지원법으로 인하여 '다문화학생'이라는 용어를 사용하고는 있으나, 학교에서 교사가 학생에게 다문화라는 용어를 사용해서는 안 된다. 다문화학생은 자신이 다문화로 구분하는 것을 차별이라고 생각한다. 그래서 자신의 이름을 불러주기를 원한다.

◎ 다문화가족 지원법은 현재 더불어민주당 인재근 의원에 의해 '이주가족지원법'으로 개명될 예정이다. 법률 개정의 취지는 다문화라는 용어가 처음에는 혼혈을 대체하는 의미로 사용되었지만, 지금은 다문화가 이주민을 비하하는 방향으로 오용되고 있다는 문제의식에 터한 것이며, 다문화 정책에 배제되어 있는 북한이탈주민과 난민 인정자도 다문화가족의 범주로 포함하려는 의도이다.

| 미국을 바꾼 존슨 대통령의 인권의식 |

미국의 제36대 존슨(Lyndon B. Johnson) 대통령은 인종, 민족, 국가, 여성에 대한 차별을 금지하는 민권법(Civil Rights Act)을 1964년에 제정하였다. 당시의 민권법은 미국 역사상 가장 포괄적인 시민권 법안으로 획기적인 사건이었다.(장혁준, 2019)

민권법 공포 다음 해인 1965년에는 소수자 우대정책을 위한 선거법(Voting Rights Act)을 통과시켰다. 이 법으로 인하여 남북전쟁(1861~1865) 이후 90년간(1876년~1965) 남부의 11개 지역에서 시행한 흑백분리정책인 짐크로우(Jim Crow)법이 폐지되었다.

1955년 엘라배마 주 몽고메리의 용기있는 흑인여성 로자 팍스(Rosa Parks)의 버스 흑백 좌석분리에 대한 반대시위와 흑인민권운동을 이끌었던 마르틴 루터 킹(Martin Luther King Jr,) 목사의 노력은 10년 만에 존슨 대통령의 강한 의지와 리더십으로 결실을 보게 된 것이다.

당시 존슨 대통령은 많은 반대여론과 위협에도 불구하고 선거법 제정을 촉구하기 위하여 미국민을 대상으로 감동적인 연설을 하였다. 그 내용을 소개한다.

“두 사람이 100야드 달리기 경주를 하는데 한 사람의 다리는 묶어 놓았다고 합시다. 이 사람 10야드밖에 못 가는 동안 멀쩡한 사람은 50야드를 갔습니다. 이 순간 불공정을 시정할 수 있는 방법은 무엇일까요? 그냥 묶은 것만 풀어주면 될까요? 그보다는 묶인 사람에게 40야드의 차이를 만회할 수 있는 기회를 주는 게 바로 정의가 아닐까요? 미국의 흑인들에게 평등한 권리를 줄 것인가 하는 문제가 바로 그러한 문제입니다.

우리가 모든 적을 무찌르고, 부를 두 배로 늘리고, 별을 정복하더라도, 이 문제에 대해 평등하지 못하다면, 우리는 국민으로서 또 국가로서 실패한 것입니다. […] 흑인의 문제란 없습니다. 남부의 문제도 없습니다. 북부의 문제도 없습니다. 오로지 미국의 문제가 있을 뿐입니다. […] ‘만인은 평등하게 창조되었다’, ‘피지배자의 동의에 의한 지배’, ‘자유가 아니면 죽음을 달라’는 말은 겉만 멋있는 말이 아니며, 공허한 이론도 아닙니다.

[…] 이러한 말은 모든 시민이 인간의 존엄성을 함께 누릴 것이라는 약속입니다. 존엄성은 인간의 소유물에서 찾을 수 없으며, 그 권력이나 지위에서 찾을 수도 없습니다. 존엄성은 다른 모든 사람들과 평등한 기회를 가진 사람으로 대우받을 권리에 있습니다. […] 다른 잣대를 들이대는 것, 즉 피부색이나 인종, 종교나 출생지 때문에 사람의 희망을 부정하는 것은 정의롭지 못할 뿐 아니라 미국을 부정하는 것이며 미국의 자유를 위해 목숨을 바친 고인들을 욕되게 하는 일입니다.”

존슨 대통령의 연설은 민주주의 사회에서 가장 중요한 것은 자유와 평등의 가치를 동등하게 누리는 시민권임을 강조한다. 그의 연설은 미국사회를 인권친화적인 민주시민사회로 만든 역사적인 위대한 연설로서 ‘미국의 약속(The American Promise)’이라 불린다.

slide 17

대한민국의 외국인 정책

주관 부서	위원회	위원장	근거 법령
법무부	외국인 정책위원회	국무총리	재한외국인처우기본법
고용노동부	외국인력 정책위원회	국무 조정실장	외국인근로자의 고용 등에 관한 법률
여성가족부	다문화가족정책위원회	국무총리	다문화가족지원법

- 다문화 관련 교육기관

다문화가족지원센터(여성가족부), 건강가정지원센터(보건복지부),
다문화교육지원센터(교육부), 외국인복지지원센터(지자체),
출입국외국인지원센터(법무부)

대한민국의 외국인 정책은 법무부, 고용노동부, 여성가족부, 보건복지부, 교육부 등 여러 부처에서 담당을 하고 있다. 이러한 이유로 자치단체에서는 다문화 관련 다양한 센터가 운영되고 있다. 하지만 수혜자들은 '한국어 교육', '한국 생활 이해 교육' 등 비슷한 프로그램들이 많다고 불만이나 문제제기를 한다. 선택과 집중의 원리로 지원을 체감할 수 있도록 운영체제를 연구할 필요가 있다. 일례로 현재 여성가족부에서 지원하는 다문화가족지원센터는 보건복지부에 운영하는 건강가정지원센터로 통합되는 과정에 있다.

동화와 통합의 개념

동화(assimilation)는 소수자 집단이 고유한 특징을 상실하고 단순히 주류문화의 한 부분이 되는 것으로 용광로 정책이라고 한다.
통합(integration)은 소수자 집단이 고유성을 유지하면서 동시에 전체 구성원으로서 동일시되는 것으로 다문화 정책이라고 한다.

slide 18

정부의 다문화교육 정책

추진과제 1	추진과제 2	추진과제 3
다문화 감수성 제고 및 역량 강화	다문화학생 맞춤형 교육지원 확대	다문화교육 추진체계 구축
(학교) 교육과정과 연계한 상호문화교육 실천 (학생) 상호문화역량 함양 (교원) 상호문화교육 역량 강화	(교육기회) 공교육 진입 지원 (언어교육) 맞춤형 한국어 교육 및 이중언어능력 개발 (진로진학) 미래 한국사회 인재로 성장 지원	(통합지원) 다문화교육 지원센터 운영 (협업체계) 자치구 및 유관기관의 협력 강화 (제도정비) 다문화교육 법령 및 제도 정비

- 교육부와 교육청은 기존의 다문화교육(multicultural-education)의 한계를 극복하고 보완하는 실천전략으로서 상호문화교육(intercultural-education)을 지향하고 있다. 2022 개정 교육과정에서는 세계시민교육의 일환으로 상호문화교육을 특정 교과목이 아니라 학교 교육과정 전반에서 실천하도록 권장하고 있다.

slide 19

◎ 다문화교육의 핵심 가치는 다양성과 차이, 소통과 공감, 반편견과 반차별, 자유와 평화이다. 코로나19 팬데믹 상황이 2년 이상 지속되면서 학생들 사이에서는 인종차별적인 용어가 많이 사용되어서 교육계가 문제해결을 위하여 많은 노력을 하고 있다.

◎ **문화 다양성**

2005년 10월 프랑스 파리 제33차 유네스코 총회에서 채택된 「유네스코 문화다양성 협약」(Convention on the Protection and Promotion of the Diversity of Cultural Expression)에 대한민국은 2010년에 전 세계 110번째로 비준하였다.

대한민국은 「문화다양성의 보호와 증진에 관한 법률」에서 문화다양성을 '집단과 사회의 문화가 집단과 사회 간 그리고 집단과 사회 내에서 전해지는 다양한 방식으로 표현되는 것을 말하며, 그 수단과 기법에 관계 없이 인류의 문화유산이 표현, 진흥, 전달되는 데에 사용되는 방법의 다양성과 예술적 창작, 생산, 보급, 유통, 향유 방식 등에서 다양성을 포함하는 것'으로 정의하였다.

무엇이 차별인가?

- 차별의 종류는 직접차별, 간접차별, 괴롭힘, 성희롱, 정당한 편의 제공 거부 등으로 구분할 수 있다. 국가인권위원회법에서 명시한 직접차별은 다음과 같다.

(참고) 국가인권위원회법 제2조(정의) 제3항
"평등권 침해의 차별행위"란 합리적인 이유 없이 성별, 종교, 장애, 나이, 사회적 신분, 출신 지역(출생지, 등록기준지, 성년이 되기 전의 주된 거주지 등을 말한다), 출신 국가, 출신 민족, 용모 등 신체조건, 기혼 · 미혼 · 별거 · 이혼 · 사별 · 재혼 · 사실혼 등 혼인 여부, 임신 또는 출산, 가족 형태 또는 가족 상황, 인종, 피부색, 사상 또는 정치적 의견, 형의 효력이 실효된 전과(前科), 성적(性的) 지향, 학력, 병력(病歷) 등을 이유로 한 다음 각 목의 어느 하나에 해당하는 행위를 말한다.
다만, 현존하는 차별을 없애기 위하여 특정한 사람(특정한 사람들의 집단을 포함한다. 이하 이 조에서 같다)을 잠정적으로 우대하는 행위와 이를 내용으로 하는 법령의 제정 · 개정 및 정책의 수립 · 집행은 평등권 침해의 차별행위(이하 "차별행위"라 한다)로 보지 아니한다.

slide 20

문화관광부 설문조사 결과

2018년 12월 문화체육관광부의 '혐오표현 대응 관련 대국민 인식조사 결과보고서'
- 혐오표현을 접해 보았다. → 83.8%
- 혐오표현을 한 번이라도 사용해 본 경험이 있다. → 12.3%
- 혐오표현이 심각한 사회 문제라고 생각한다. → 96.3%
- 혐오표현을 법적으로 규제하는 것이 필요하다. → 70.3%

학생들의 고정관념과 편견

- 유럽이나 미국 출신보다도 필리핀, 베트남 등 동남아 출신이 학력이 낮다.
- 동남아 출신은 돈 벌러 온 외국인노동자라는 생각으로 무시한다.
- 무슬림은 사람을 해칠 수 있어서 무섭다.
- 대부분의 감염병은 중국으로부터 발생하며, 중국인은 위생관념이 없다.

용어의 정의

고정관념, 편견, 차별

https://blog.naver.com/herrihm103/221496443645

혐오표현(hate speech)

https://blog.naver.com/herrihm103/221159908469

- 교육블로그 〈교육 내시경〉 참조 요망

slide 21

다문화학생 학교 내 차별 경험

(186명 설문, 복수 응답, 자료: 국가인권위원회, 2019)

1. 발음이 이상하다고 놀린다.	41.9%(78명)
2. "너희 나라에 이런 것 없지"라며 무시한다.	36.6%(68명)
3. 피부색이 다르다고 놀린다.	25.3%(47명)
4. "너희 나라로 돌아가"라고 협박한다.	21.0%(39명)
5. 주먹으로 때리거나 발로 걷어찬 적이 있다.	15.1%(28명)

- 국가인권위원회법에는 성별, 종교, 나이, 사회적 신분, 출신지역, 출신국가, 출신민족, 용모 등 신체조건, 기혼·미혼·별거·사별·재혼·사실혼 등 혼인 여부, 임신 또는 출산, 가족 형태 또는 가족상황, 인종, 피부생, 사상 또는 정치적 의견, 형의 효력이 실효된 전과, 성적지향, 학력, 병력 등 19가지 차별금지사유를 규정하고 있다.
- 법에 명시되지 않은 차별유형도 있으므로 학생들과 혐오표현, 차별, 혐오범죄에 대하여 평소에 대화를 많이 나누도록 한다.

차별인지 아닌지의 가치판단 기준(같은 것은 같게, 다른 것은 다르게!)

1. 비교집단의 존재 여부 확인
2. 비교집단 사이에 차이가 존재하는지 확인
3. 비교집단 간의 차이에 대한 합리적인 근거(이유) 존재 여부 확인

차별 심사 기준

비례성 원칙에 따른 심사: 정당한 차별 목적, 차별 취급의 적합성, 차별 취급의 불가피성 또는 필요성, 법익 균형성

slide 22

다문화사회에서의 교사 역할

1. **다문화사회의 이해와 문제의식 함양**
   - 정부와 교육청의 다문화 정책 이해, 고정관념과 편견 극복
2. **다문화가정의 자녀교육에 대한 관심과 지원**
   - 다문화가정의 부모 및 학생과 소통관계 형성
3. **다문화학생 교육프로그램 개발 및 운영 동참**
   - 다문화가정 자녀에 대한 맞춤식 교육방법 연구
4. **다문화가정 지원 네트워크 및 연수에 적극 참여**
   - 소외계층 지원을 위한 봉사활동 적극 참여

◎ 우리사회는 능력 중심의 메리토크라시(meritocracy) 사회이다. 학교 교육은 예나 지금이나 명문학교나 명문대학을 진학시키려는 경쟁교육을 하고 있다. 고진감래형 교육으로 아이들은 파김치가 되어있다.

◎ 시대는 변했다. 현대사회는 AI 인공지능 시대이며 글로벌시민사회이다. 그리고 대한민국은 다인종·다문화사회이다. 다양성과 차이를 존중하며 소통과 공감의 어울림공동체를 만들어가는 것이 공교육의 역할이다.

◎ 우리 정부에서는 기회는 평등하고, 과정은 공정하며, 결과는 정의로운 모두가 행복한 사회를 만드는 데에 역점을 두고 있으며, UN 회원국은 지속발전가능한 과제 17개를 구현하기 위하여 세계시민교육을 핵심 교육정책으로 추진 중이다.

◎ 이제 학교의 교사는 교육관과 교육 방법을 하루속히 바꾸어야 한다. 엘리트 교육보다는 한 아이도 낙오하지 않고 자아실현을 할 수 있는 개별 맞춤형 교육을 해야 한다. 특히, 계속해서 증가하는 이주배경이 다른 다문화가정 자녀에게 관심을 갖고 교육 전문성을 함양하는 노력을 해야 한다.

혐오표현에 관한 유엔의 '라바트행동계획'

유엔인권고등판무관실은 2013년 2월 21일, '라바트행동계획(Rabat Plan of Action on the prohibition of advocacy of national, racial or religious hatred that constitutes incitement to discrimination, hostility or violence)'이라는 권고지침을 제시하였다.

이 지침은 차별과 적대 혹은 폭력을 유발하는 민족적, 종교적, 정치적 증오의 옹호를 금지하는 것을 주요 내용으로 삼고 있다.

이에 의하면, 표현의 자유 제한은 반드시 법에 의거해야 하고, 혐오표현은 가능한 한 엄밀하게 정의되어야 한다는 전제 하에, 혐오표현에 대한 사법처벌 여부를 판단할 때는 '맥락(사회적, 정치적, 역사적, 법적 등)', '화자의 위치(지위, 권력관계 등)', '의도', '내용 또는 형식', '발화의 범위', '증오 유발 가능성과 급박성' 등 6가지 요인을 고려해야 한다고 권고한다.

이 같은 고려를 통해 '어떤 표현이 범죄가 되는 표현'인지, 또는 '범죄는 아니지만 민사 또는 행정적 제재로 규제할 표현'인지, 또는 '관용과 존중, 다양성과 다원성으로 포용되어야 할 표현'인지를 구분해야 한다고 제안한다. 즉, 라바트행동계획은 차별금지를 위한 법제화를 부인하지 않지만, 법적 규제가 가지는 한계 때문에 그것은 필요최소한의 범주에 그쳐야 하며, 결국 교육과 미디어의 역할 등을 통해 인식의 전환을 강조하는, 보다 다원적이고 다층적인 접근이 필요하다고 보고 있다.

출처: 네이버 블로그 〈교육내시경〉

| 혐오표현에 대하여 생각해 보자 |

우리나라에서는 혐오표현, 일본에서는 혐오발언으로 일컫는 hate speech의 정확한 개념은 무엇인가? hate speech는 단순히 증오를 나타내는 욕설이나 비난, 혐오감을 주는 일반적인 언어표현과는 달리, '국적, 인종, 종교, 성별, 성적 지향 등의 속성을 갖고 있는 소수자 집단이나 개인에게 그 속성을 이유로 가하는 차별표현'이다.

스탠퍼드 대학의 브라이언 레빈(Brian Levin) 교수는 '혐오표현은 그 자체가 언어적 폭력인 동시에 물리적 폭력을 유발한다는 점에서 단순한 표현을 넘어서는 위험성을 갖고 있다'고 하며, 혐오표현과 폭력과의 관계를 '편견, 편견에 의한 행위, 차별, 폭력, 제노사이드'의 5단계로 제시하고 이를 '증오의 피라미드(Pyramid of Hate)'라고 지칭하였다. 5단계에는 언어폭력적인 혐오표현(hate speech)과 유형력을 행사한 범죄로 처벌받아야 하는 증오범죄(hate crime)가 담겨있다.

혐오표현은 엄연한 차별이다. 혐오표현이 만연되어 있는 일본도 2016년 5월 24일 '헤이트 스피치 방지법'을 제정하였다. 정식 명칭은 '본국(일본) 외 출신자에 대한 부당한 차별적 언동 해소를 위한 노력 추진에 관한 법률(本邦外出身者に対する不当な差別的言動の解消に向けた取組の推進に関する法律)'이다.

우리나라도 UN의 '모든 형태의 인종차별 철폐에 관한 국제협약(인종차별철폐조약)'과 '시민적·정치적 권리에 관한 국제조약(자유권규약)'에 의거 혐오표현에 관한 구체적인 제재 내용이 담긴 차별금지법을 제정하고 인권교육 차원의 차별금지 교육을 적극적으로 시행하여야 한다.

헤이트스피치 방지법이 표현의 자유를 침해할 수 있다는 신중론이나 반대론이 제기될 수 있으나, 혐오표현은 영혼의 살인과 같은 것이므로 표현의 자유를 일부 제한하더라도 혐오와 차별로 고통받지 않는 행복한 사회를 만들어야 한다.

(참고)

서울시교육청은 2012년에 제정한 서울학생인권조례에 2017년 9월 21일 제1절 제5조(차별받지 않을 권리) 3항에 "학교의 설립자, 경영자, 학교의 장과 교직원, 그리고 학생은 제1항에서 예시한 사유를 이유로 차별적 언사나 행동, 혐오적 표현 등을 통해 다른 사람의 인권을 침해하여서는 아니 된다." 로 혐오표현 금지 조항을 신설하였다.

토론 및 발표 50분

○ **방식** | 원탁토론

토론 주제

다음의 2가지 질문에 대하여 생각해 보고
돌아가며 자신의 견해와 입장을 발표해 보자.

- 다문화사회에서 이주민에 대한 나의 고정관념과 편견은 어떤 것이 있을까?
  (예) 동남아에서 온 이주민은 교육 수준이 낮은 것 같다.

- 이주민에 대한 자신의 고정관념과 편견에 대하여 어떻게 생각하는가?
  (예) 국가마다 교육 제도와 교육 환경이 다르고, 그 나라의 개개인도 학력 수준이 다양하기 때문에 고정관념이나 통념으로 교육 수준이 낮은 사람들이라는 편견을 갖고서 차별이나 혐오발언을 하지 않겠다.

그대와 나

임종근

지치고 피곤해도
베풀고 감싸니
내 마음 황홀한 저녁놀
그대가 있어 편안합니다

아프고 서글퍼도
손잡고 마주하니
내 마음 따뜻한 호롱불
그대 곁이라 행복합니다

우리 더 이상
아무 것도 원치 말아요
기대가 클수록
서운함도 깊어집니다

그냥 아끼며
보듬어 주는 사랑
소나무 솔향기처럼
그 날까지 변치 맙시다

4 노동인권이 존중되는 시민사회 만들기

학습 목표	서울의 경우만 보면 고등학생들의 알바 경험은 25%가 넘는다. 특히 방학이 되면 그 숫자는 늘어난다. 노동을 하는 청소년들의 70% 정도는 취업규칙이 없는 10인 미만의 영세사업장에 고용되어 있다. 또한, 최근 몇 년 사이에 청소년 플랫폼노동자들이 급증하는데, 그들은 근로기준법의 적용을 받지 않는다. 이러한 노동 현장은 만 18세 미만의 연소자들이 부당노동행위와 노동인권침해를 받을 수 있는 상황에 처해 있음을 보여주는 것이다. 학생은 교복 입은 시민이라는 관점에서 학생들에게 노동의 가치와 중요성, 그리고 노동관계법과 부당노동행위 대처방법을 교육해야 한다. 본 강의에서는 학생들의 삶을 위한 교육을 위하여 노동 관련 상식과 노동인권의식을 높이는 교육을 하고자 한다.
학습 내용	- 노동과 노동관계법의 이해 - 노동인권과 노동운동의 발자취 탐색 - 노동인권 실태 및 노동문제 개선 방안
학습 방법	질의·응답식 강의, 동영상 시청 및 소감 발표, 분임토론 및 원탁토론

단계	교수·학습 활동	시간	자료
도입	사건·사고 뉴스 및 기관 제작 영상 등 제공	10분	동영상
	참석자 개인별 소감 언급	10분	
전개	영역1 노동과 노동관계법의 이해	30분	Slido 블로그 유튜브
	영역2 노동인권과 노동운동의 발자취	30분	
	휴식 10분		
	영역3 노동인권 실태 및 노동문제 개선 방안	30분	
정리	토론 주제: 노동인권의 문제점과 개선방안	30분	전지 포스트잇
	분임별 발표 및 질의·응답	20분	
	정책 제안	10분	

* 영역별로 나누어진 30분은 내용에 따라서 변동이 가능함

도입 20분

slide 1

- 2022 국가 개정 교육과정에서는 중고등학생 대상으로 노동교육을 하도록 교과용 도서를 개발하여 보급할 예정이다. 알바 경험이 있는 고등학생이 25% 정도(서울)이니 학교 수업에서 노동의 가치와 필요성에 대한 교육을 비롯하여 노동인권교육도 해야 할 상황이다.
- 그러나 일부 학부모 단체에서는 "학생들을 노동자로 만들려고 한다", "노동인권교육은 사용자를 적대시하는 이념교육이다"라고 생각하며 노동교육에 대한 부정적인 시각을 갖고 있다.
- 학생들과 함께 전태일 열사의 삶과 행적을 살펴보고 노동의 신성함과 노동인권의 중요성을 스스로 깨닫는 시간을 만들어 본다.

영역 1 30분

slide 2

노동 vs 근로

기관명에는 고용노동부, 고용노동청, 중앙노동위원회 등 노동의 단어가 사용되고, 법에는 근로기준법, 근로계약, 근로자의 날 등 근로가 사용되고 있다.

노동관계법이나 노동조합의 노사관계를 언급할 때는 사용자와 노동자로 말하며 근로자라고는 하지 않는다.

노동자 vs 근로자

근로기준법 제14조(근로자의 정의): "이 법에서 근로자라 함은 직업의 종류를 불문하고 사업 또는 사업장에서 임금을 목적으로 근로를 제공하는 자를 말한다."

노동자는 '다른 사람에게 고용되어 임금을 받고 일하는 사람'이므로, 시도 자치단체의 노동관계 조례는 2018년 이후 '근로'나 '근로자' 용어는 모두 '노동'과 '노동자'로 바뀌었다.

노동(勞動)과 근로(勤勞)의 개념 차이

- 노동은 능동적으로 재화와 서비스를 생산하는 행위이며, 이런 작업을 통해서 자아를 실현한다는 의미를 포함하고 있다. 이에 일하는 행위에 가치를 두어 그 행위를 하는 사람의 능동적이고 주체적인 점을 강조한다고 볼 수 있다.
- 반면에 근로는 근로기준법 제2조에 근로란 "정신노동과 육체노등을 말한다"로 매우 추상적이지만, 대가를 받든, 받지 않든 스스로 열심히 일한다는 광의적인 뜻으로 해석할 수 있다.
  근로기준법 제정(1953. 5. 10. 공포) 당시에는 일을 하는 사람의 입장보다는 일을 제공하는 국가나 사용자의 입장에서 근로라는 용어를 사용하였다고 생각한다. 아직도 근로는 국민의 4대 의무의 하나로 간주한다.

노동자(勞動者)란?

- 노동자는 직업의 종류를 불문하고 노동력을 제공하여 얻은 임금을 가지고 생활을 유지하는 사람으로 자본주의의 발생과 더불어 생겨나서 그 발전과 더불어 양적인 증대를 이루었으나 이전 시대의 노동의 제공자와는 다른 생산관계·사회관계에 놓인다. 즉, 고대사회에서의 노예나 봉건사회에서의 농노가 소유자의 개인적 물건이나 신분적 예속자였던 데 반하여 노동자는 고용계약에 의하여 자기의 노동을 상품으로 제공할 자유가 있으며, 고용주인 자본가에 대하여 법률적으로는 대등한 입장에 있어서 신분적인 구속 관계는 존재하지 않는다.
- 그럼 노동자와 근로자는 무엇이 다를까? 「근로기준법」 제2조에서는 "근로자"란 직업의 종류와 관계없이 임금을 목적으로 사업이나 사업장에 근로를 제공하는 자로 정의하고 있으며, 근로기준법 등 노동 관련법은 '근로자'를 공식 법률용어로 사용하고 있다. 그러나 일상적으로는 근로자와 노동자를 같은 의미로 혼용해서 사용하고 있다. '근로'라는 용어 자체는 일제 강점기 일본이 우리나라 사람을 강제노역에 동원하면서 조직한 '근로정신대'에서 유래했다고 한다.
  '근로자(勤勞者)'라는 한자어는 중국과 대만은 물론, 일본 노동법에서도 삭제된 지 오래된 일제 강점기의 유물이다.

slide 3

대한민국 헌법 개정안(2018. 3. 26. 대통령 발의)

노동권 관련 (제안 이유)	기본권의 주체를 확대하고 공무원을 포함한 노동자의 권리를 강화
주요 내용	일본 제국주의 및 군사독재 시대에 사용된 '근로'라는 용어를 '노동'으로 바꿈 (근로의 날을 노동절로)
(개정안) 헌법 제33조	제3항. 국가는 동일한 가치의 노동에 대해서는 동일한 수준의 임금을 지급하도록 노력한다. 제4항. 노동조건은 노동자와 사용자가 동등한 지위에서 자유의사에 따라 결정하되, 그 기준은 인간의 존엄성을 보장하도록 법률로 정한다.

- 대한민국은 1987년 6월 민주화운동 이후, 제9차 헌법 개정(1987. 10. 27.)을 하였고, 문재인 정부의 개정안은 제10차에 해당한다.

slide 4

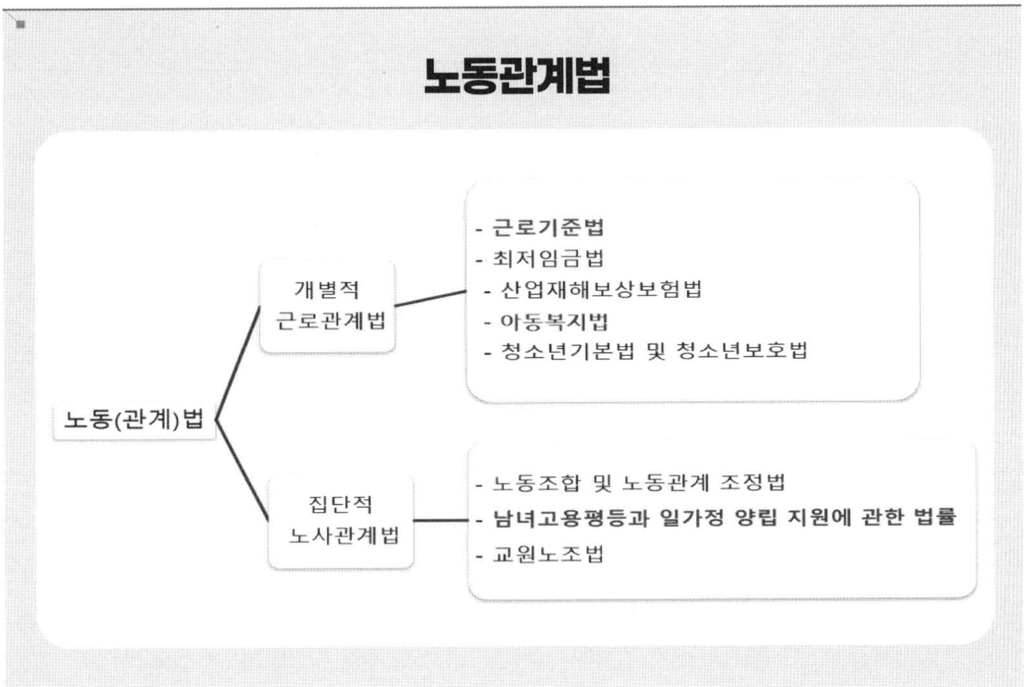

◎ 만 18세 미만의 연소자에 해당하는 중고등학교 학생을 대상으로 한 노동인권교육은 표에 제시된 노동관계법 중에서 근로기준법, 최저임금법, 아동복지법, 청소년기본법과 청소년보호법이 노동교육의 근거법으로 자주 활용되니 교사는 해당 법을 숙지하여야 한다.

◎ 사회보장을 위한 4대 보험

- 실업과 재취업의 어려움에 따른 빈곤의 예방을 위한 **고용보험**
- 개인적인 질병 및 사고로부터 보호하기 위한 **건강보험**
- 노동을 하면서 발생하는 질병, 사고, 사망 및 장애로부터 보호하기 위한 **산재보험**
- 노령 및 장애로 인하여 근로소득이 없어 생활 불안이 발생하는 것으로부터 보호하기 위한 **국민연금**

slide 5

최저임금제

최저임금이란?	노동자가 임금을 받아 생계를 유지할 수 있도록 법으로써 임금의 최저기준을 정하는 제도. 매년 8월에 고시하고 익년도 적용.

2021년 최저임금은 8,720원 → 2022년 최저임금은 9,160원

최저임금제 계산식

만 18세 이상
- 1일 8시간, 1주 40시간 근무, 월 최저임금은 **1,914,440원 (9,160원 × *209시간)**
  * 209시간이란? (주 40시간 + 주휴 8시간) × 4.35주 = 208.8시간

만 18세 미만(연소자)
- 1일 7시간, 1주 35시간 근무, 월 최저임금은 **1,676,280원 (9,160원 × *183시간)**
  * 183시간이란? (주 35시간 + 주휴 7시간) × 4.35주 = 182.7시간

(참고) 1986년 12월 최저임금법이 시행되었으나 강제사항이 아니었고, 4년 뒤인 1990년에 10인 이상 사업장에서 의무화. 지금은 1인 고용 사업장에도 적용해야 함

◎ 만 18세 미만의 연소자인 학생들에게는 사업장에서 부당노동행위를 당하지 않도록 최저임금법에 근거한 월 최저임금 계산법을 반드시 숙지시켜야 한다.

◎ **주휴수당**

1주일 동안 일하기로 한 소정 근로일수를 개근한 자에게 주 1회 유급휴일을 보장하는 제도. 단, 3가지 조건이 부합되어야 함.
첫째, 일주일 15시간 이상 근로. 둘째, 근로계약서에서 약속한 근로일 개근. 셋째, 주휴수당이 발생한 다음 주에도 근로 예정

임금 지급의 4대 원칙

1. 임금은 돈으로 지급(상품권, 쿠폰, 물건으로 대체는 안됨)
2. 본인에게 직접 지급(부모 대신 수령은 안됨)
3. 임금은 전액 지급(손해배상 등의 이유로 공제하고 지급하면 안됨)
4. 매월 1회 이상 정해진 날짜에 지급(2개월분 계산 지급은 안됨)

slide 6

노동시간 단축 시행 시기

※ 1주 최대 노동시간 단축 **68시간** → 52시간

자료: 고용노동부	2018년 3월 20일 (공포)	2018년 7월	2019년 7월	2020년 1월	2021년 1월	2021년 7월	2022년 1월
300인 이상 사업장		7월 1일					
			7월 1일(특례 제외 업종)				
50~299인(특례 제외 업종 포함)				1월 1일			
5~49인(특례 제외 업종 포함)						7월 1일	

노동시간 단축, 달라진 근로기준법

※ 1주: 휴일을 포함한 7일

항목	현행		개정 근로기준법
주당 최대 노동시간	**68시간** 주 40시간+연장근로 12시간+ 휴일근로 16시간(휴일이 2일인 경우)	▶	**52시간** 주 40시간+연장근로 12시간
휴일근로 수당	통상임금 **50% 가산**	▶	8시간 **이내** 근로, **통상임금 50% 가산** 8시간 **초과** 근로, **통상임금 100% 가산**
노동시간 특례업종	**26개 업종** **(대상 노동자 453만명)**	▶	육상운송업, 수상운송업, 항공운수업, 기타 운송관련 서비스업, 보건업 등 **5개 업종(대상 노동자 102만명)**

◎ 정부는 노동자의 노동시간 단축을 위하여 2018년 3월 20일에 근로기준법을 발표하고 사업장 규모에 따라 단계적으로 노동시간을 68시간에서 52시간으로 단축하도록 하였다. 2022년 1월부터는 5인 이상 사업장에 적용된다.

◎ 노동시간 특례업종은 생명을 다루는 간호사, 택시기사, 택배, 화물운송 종사자는 여전히 장기노동시간으로 어려움을 겪고 있다.

영역 2 30분

slide 7

노동인권

노동자들이 보장받아야 할 기본적인 권리

- 일할 권리, 적정한 임금 보장, 강제노동 금지, 공정하고 안전한 노동환경 등 -

(예시) '서울특별시교육청 노동인권교육 활성화 조례'의 노동인권

대한민국의 「헌법」 및 법률이 보장하거나, 「경제적, 사회적 및 문화적 권리에 관한 국제규약」 등 대한민국이 가입·비준한 국제인권조약 및 국제관습법에서 인정하는 권리 중 노동과 관련된 모든 권리

헌법 제32조

1. 모든 국민은 근로의 권리를 가진다. 국가는 사회적·경제적 방법으로 근로자의 고용의 증진과 적정임금의 보장에 노력하여야 하며, 법률이 정하는 바에 의하여 최저임금제를 시행하여야 한다.
2. 모든 국민은 근로의 의무를 진다. 국가는 근로의 의무의 내용과 조건을 민주주의 원칙에 따라 법률로 정한다.
3. 근로 조건의 기준은 인간의 존엄성을 보장하도록 법률로 정한다.

경제적·사회적 및 문화적 권리에 관한 국제규약 (A규약) 제6조

1. 이 규약의 당사국은, 모든 사람이 자유로이 선택하거나 수락하는 노동에 의하여 생계를 영위할 권리를 포함하는 근로의 권리를 인정하며, 동 권리를 보호하기 위하여 적절한 조치를 취한다.
2. 이 규약의 당사국이 근로권의 완전한 실현을 달성하기 위하여 취하는 제반조치에는 개인에게 기본적인 정치적, 경제적 자유를 보장하는 조건하에서 착실한 경제적, 사회적, 문화적 발전과 생산적인 완전고용을 달성하기 위한 기술 및 직업의 지도, 훈련계획, 정책 및 기술이 포함되어야 한다.

slide 8

학생 노동인권 실태조사(2019. 서울시교육청)

중학교 3학년, 고등학교 1,2학년 총 8,654명 대상

1. 알바 경험
- 중학생 6%, 고등학생 25.1% (중고 평균 15.9%)
  * 고등학생의 경우, 직업계고 48.1%, 직업위탁반 27.2%, 일반고 15.6%

2. 알바 목적
- 개인이 필요한 물건 구입 83.9%, 사회생활 경험 40.9%, 독립적 경제생활 28.7%

3. 알바 업종
- 뷔페/웨딩홀 46.4%, 음식점 및 패스트푸드점 41.0%, 전단지 24.8%, 24시간 편의점 5.8%

4. 알바 시간
- 1주일 미만 31.5%, 1개월 미만 15,6%, 3개월 미만 17.8%, 1년 이상 13.2%
  * 중학생은 52.4%가 평일, 고등학생은 57.0%가 주말에 일함

5. 알바 사실: 부모와 가족이 안다 56.6%, 친구만 안다 52.1%, 아무도 모른다 27.3%

6. 알바 관련 서류
- 근로계약서 작성 62.9%, 친권자 동의서 제출 60.9%, 가족관계증명서 제출 43.5%

7. 노동인권 침해: 중학생 38.0%, 고등학생 50.0%

- 서울의 경우 중고생 평균 알바 경험이 15.9%이다. 고등학생의 경우는 25.1%이다. 4명 중에 1명이 알바를 하는 셈이다. 알바의 목적은 개인용품 구입이 가장 높은 83.9%이며 일하는 업소는 주로 뷔페, 웨딩홀, 음식점이 87.45%로 가장 많다.

- 실태조사에서 나타난 문제점은 자녀의 알바 사실을 모르는 부모가 43.4%나 된다는 것이다. 친권자 동의서와 가족관계증명서를 제출하지 않고 알바를 한다는 뜻이다. 이것은 근로기준법을 준수하고 있지 않다는 의미이며, 노동인권 침해의 발생 여지가 많다는 것이다. 실제로 중학생의 38%, 고등학생의 50%가 노동인권 침해의 경험이 있다고 한다.

법에 근거한 호칭 및 연령

법	호칭	연령기준
아동복지법 유엔아동권리협약	아동	만 18세 미만
청소년기본법	청소년	만 9세 이상 24세 미만
청소년보호법	청소년	만 19세 미만
민법	미성년자	만 19세 미만
소년법	소년	만 19세 미만
근로기준법	**연소자**	**만 18세 미만**
학생인권조례	학생	만 3세 이상 18세 미만

교육자들이 알아야 할 노동법

1. 일할 수 있는 나이

원칙적으로 만 15세 이상인 청소년을 고용할 수 있고, 만 15세 미만 청소년을 고용할 때는 취직인허증이 있어야 한다.

가. 13세 미만 청소년은 예술공연 참가를 위한 경우가 아니면 취직 인허증이 발급되지 않는다.

나. 취직인허증은 고용노동부(일하는 지역의 고용노동청) 에서 발급한다.

다. 사용자는 '취직인허증 없는 만 15세 미만 청소년'을 고용했을 경우, 처벌받을 수 있다.

라. 취직인허증 발급절차

- 고용노동부 홈페이지에서 취직인허증 교부신청서 출력
- 15세 미만인 본인, 사용자, 친권자(부모님), 교장선생님 순서로 신청서 작성
- 작성한 신청서를 지방노동관서에 제출
- 지방노동관서에서 신청서 심사 후, 취직인허증을 발급(처리기간 3일)

2. 일하기 위해 필요한 서류

사용자는 18세 미만 청소년을 고용할 시에는 친권자(후견인) 동의서와 나이 증명서류를 사업장에 갖추어야 한다.

가. 18세 미만 청소년은 일하기 전에 친권자의 동의서와 나이를 증명할 수 있는 서류를 제출하고, 사용자는 잘 보이는 곳에 보관한다.

나. 취직인허증을 비치한 경우. 친권자 동의서와 가족관계증명서를 갖춘 것으로 인정한다.

다. 사용자가 친권자 동의서와 나이 증명서류를 사업장 내에 비치하지 않았을 경우, 처벌받을 수 있다.

3. 일할 수 없는 곳

가. 고압작업, 잠수작업

나. 18세 미만의 운전(조종) 면허취득을 제한하고 있는 업종의 운전(조종) 업무

다. 청소년보호법 등 법률에서 18세 미만 청소년의 고용을 금지하고 있는 업종
유흥주점, 단란주점, 비디오방, 노래방, 전화방, 무도장업, 숙박업, 이용업, 목욕장업 중 안마실 등 설치, 유독물 제조 및 판매업, 티켓다방, 주류판매 목적의 소주방/호프집/카페, 종합게임장, 만화방, PC방 등

| 학생 노동인권 및 청소년 아르바이트 관련 인터뷰 |

서울시교육청 학생인권위원회 위원장으로서 2019년 6월 학생 노동인권 및 청소년 아르바이트와 관련한 국가인권위원회와의 인터뷰 내용을 소개합니다.

1. 잘 모르는 분들을 위해 학생인권과 학생노동인권에 대해 설명 바랍니다.

→ 먼저 학생과 청소년의 용어를 구분할 필요가 있습니다. 일반인들은 혼용해서 사용하나 우리 교육자들은 달리 사용합니다. 학생은 만 18세 미만의 유치원과 초중고등학교를 다니는 학생을 지칭하지만, 청소년은 청소년보호법에 의거하여 만 19세 미만의 학생과 학교밖청소년을 포괄하는 거시적인 용어입니다. 청소년기본법에서는 만 9세 이상 만 24세 미만까지를 청소년으로 간주하지요. 그래서 교육자들은 학생노동과 청소년노동을 다르게 생각합니다.

→ 한편 근로기준법에서는 만 18세 미만을 연소자라고 칭하여 연소자의 노동에 대해서는 특별하게 보호하고 있습니다.

→ 질문하신 학생인권과 학생노동인권도 개념의 차이가 있지요. 학생인권은 유엔아동권리협약에서 제시하고 있는 생존권, 보호권, 발달권, 참여권을 포괄하는 광의적 개념이고, 학생노동인권은 학생이 노동을 수행하면서 차별받지 않고 존중받아야 할 기본권으로 노동과 관련된 인권으로 보아야 합니다. 그렇지만 학생노동인권은 노동의 권리와 노동 3권에만 국한된 협의의 개념은 아니고, 노동의 가치와 정의를 포함하는 거시적인 개념입니다.

→ 〈서울특별시교육청 노동인권교육 활성화 조례〉에서는 노동인권을 '「대한민국헌법」 및 법률이 보장하거나 「경제적 사회적 및 문화적 권리에 관한 국제규약」 등 대한민국이 가입·비준한 국제인권조약 및 국제관습법에서 인정하는 권리 중 노동과 관련된 모든 권리'라고 정의하고 있습니다.

2. 최근 학생노동인권이 이슈입니다. 현재 분위기가 조성되기까지 오랜 과정을 지켜보셨을 텐데요. 역사적 맥락에서 해당 주제가 언제부터 주목받기 시작했는지, 어떤 방식으로 전개되어 왔는지 등에 대해 말씀해 주세요.

→ 학생노동인권의 이슈화에 앞서 청소년노동인권을 먼저 생각할 필요가 있어요. 아시다시피 청소년노동인권은 1970년 전태일 열사의 분신투쟁에서 크게 부각되었지요. 그 후 1987년 6월 전국적인 민주항쟁 및 노동자대투쟁을 계기로 다양한 노동조합이 결성되면서 청소년노동자의 노동인권 보장이 정부의 핵심과제라는 인식 확산과 함께 노동관련 법과 제도가 정비되어 왔습니다.

→ 학생노동인권의 문제는 1963년 산업교육진흥법이 제정되면서부터 거론되었으나, 저는 2008년 이명박 정부시절의 학교자율화 정책이 본격적인 이슈의 시작이라고 생각합니다. 이 정책으로 인하여 2009년부터 기존의 공고와 상고가 특성화고등학교로 전환되면서 직업교육은 활발해지고 아울러 현장실습도 확대되었지요. 특성화고마다 취업률을 높이기 위한 경쟁이 치열해지면서 학생들의 현장실습도 급속도로 확대되었고 실습장에서의 과로사나 안전사고로 인한 사망학생도 늘어났지요. 그러한 상황에서 2000년대 초반 청소년노동인권네트라는 민간단체의 활동으로 일하는 청소년의 노동인권과 청소년 노동인권교육이 사회적으로 이슈화되기 시작하였습니다. 급기야 정부에서는 2013년 '학생 안전과 학습중심 특성화고 현장실습 내실화 방안'을 발표하였고, 2016년에는 현장실습시간 제한(일 7시간, 주 35시간), 휴일 및 야간실습 제한 등의 '직업교육훈련촉진법'을 일부 개정하였습니다.

→ 한편 학생인권조례가 제정된 시도교육청(서울, 경기, 전북, 광주)들을 중심으로 민간협력사업 형태로 학생 노동인권교육과 노동인권을 보호하기 위한 다양한 사업들이 전개되었고, 지금은 17개 시도교육청으로 확대되어 가고 있는 상황입니다.

→ 그러한 노력으로 사업장에서의 안전사고 사망(2016년 20명에서 2018년 3명)은 현저히 줄었으나 걱정스럽게도 학생노동인권 침해 사례는 여전히 심각한 수준에 있습니다.

3. 그렇다면 현재 시점에서 학생노동인권의 실태에 대해 말씀해 주세요.

→ 서울시교육청에서 2018년 10월에 중학교 3학년과 고등학교 2학년 학생(8,654명)을 대상으로 실시한 '서울학생 노동인권 실태조사'에 따르면, 최근 1년간 알바 경험은 15.9%입니다. 중학교는 6%, 고등학교는 25.1%로 4명 중 1명이 알바 경험이 있습니다. 학교 유형별로는 직업계고가 48.1%로 가장 많고 직업위탁반이 27.2%이고 일반계고는 15.6%입니다.

→ 노동인권 침해 경험은 '있다'가 47.8%이고, '없다'가 52.2%입니다. 중학생의 경우 '있다'가 38%이나 고등학생의 경우는 '있다'가 50.0%입니다.

→ 노동인권 침해 사례 유형은 '정해진 일 외에 다른 일도 많이 시킨다' 21.2%, '손님으로부터 욕설' 17.9%, '초과수당을 받지 못했다' 16.1%, '마음대로 근로시간 조정' 13.5%, '주휴수당 안 줌' 13.4%, '최저임금 이하' 12.4%, '사장과 상사로 부터의 욕설' 7.9%, '성희롱' 6.9%으로 다양하게 나타나는 등 이전보다는 많이 개선되었지만 아직도 일하는 학생들의 노동인권이 침해되고 있습니다.

4. 위원장님께서 직접 현장에서 느낀 점에 대해 말씀해 주세요.

→ 학업과 노동을 병행하는 학생들의 건강이 가장 문제입니다. 사회 경험을 위한 알바는 좋은 경험이 될 수 있으나 어쩔 수 없이 알바를 해야 하는 생계형 알바는 문제가 많습니다. 경제적인 어려움을 해결하기 위해 알바를 하는 학생들은 대부분 저녁 늦게까지 일하고 파김치가 되어 학교에 늦게 오거나 학교에 와서도 엎드려 자는 상황입니다. 충분한 휴식을 취할 수 없어 학업이 어렵고 건강마저 해치는 것이지요.

→ 생계형 알바학생에 대한 맞춤식 특별지원이 필요합니다. 주부 대상의 워라벨(Work & Life Balance) 지원처럼 학업과 일을 병행하는 학생을 대상으로 지원하는 맞춤식 교육정책이 필요합니다. 공부하며 일하는 학생 지원은 학교의 교육적 배려와 정부 부처 및 교육청의 복지정책이 상호 파트너십으로 추진되어야겠지요.

5. 학생노동인권과 관련한 문제점에 대해 말씀해 주세요.

→ 실태조사에 의하면 학교에서 노동인권교육을 받은 경험이 중학교는 21.6%이며, 고등학교는 43.3%라고 합니다. 그리고 노동인권교육 방법은 전체 학생을 모아 놓고 하는 집체식 교육이 52.5%, 사이버교육이 15%, 가정통신문 등 유인물 교육이 14.3%이었습니다.

→ 노동인권교육은 토론식 교육이 아니면 교육적인 효과는 기대하기 어렵습니다. 인권교육은 지식과 기능, 문제의식, 해결하려는 실천의지를 포함한 가치관 교육이어야 하는데 강의식, 전달식 교육은 지식교육에 머무를 수밖에 없습니다.

→ 사회의 변화와 따라 플랫폼노동(배달앱)이 확장되고 있으며 이런 플랫폼노동에 종사하는 학생들도 점점 늘어나고 있습니다. 그런데 이런 새로운 고용 형태가 생겨도 노동법의 변화가 이루어지지 않아 플랫폼노동에 종사하는 노동자들은 노동자로 인정받지 못하고 개인사업주로 보는 것이 현재 판례입니다. 따라서 플랫폼노동 형태의 아르바이트를 하는 학생들은 일하다가 다쳐도 산업재해로 인정받지 못하는 사례가 발생하는 등 새로운 사회 문제가 되고 있습니다.

6. 현 문제점에 대해 어떻게 개선해야 할까요? (학생, 고용주, 학교, 교육부 등 각각의 입장에서) 사회적 분위기 개편, 정책 변화 등 실질적인 답변으로 부탁드립니다.

→ 노동은 삶이며 일상생활입니다. 그래서 노동을 하는 모든 이들은 노동인권을 보장받아야 합니다. 그러나 우리 사회는 아직도 노동에 대한 가치관이 제대로 정립되어 있지 않습니다. 학교의 정규교육과정에서 노동교육이나 노동인권교육은 거의 하지 않고 있음이 그런 사실을 증명하는 것이지요. 시대적으로 앞서가야 할 정치인과 교육행정가들 중에도 학교에서의 노동교육을 부정적 시각으로 보는 분들도 있습니다. 진학을 위한 공부에 매진해야 할 학생들에게 노동교육을 하는 것은 마치 시위나 파업 문화를 조장하는 교육이라고 오해하는 것 같아 안타깝습니다.

→ 정부 부처 특히, 교육부, 고용노동부, 중소벤처기업부는 직업교육제도의 안정적 정착에 역점을 두고 현장실습 환경을 인권친화적으로 조성하여 안전과 노동인권이 보장되도록 해야 합니다. 특히 알바학생의 70% 이상이 10인 미만의 영세사업장에서 노동을 하는데 현행 노동관계법상 10인 미만 사업장은 취업규칙 작성 및 신고 의무가 없고, 5인 미만 사업장은 근로기준법을 일부만 적용하고 있는데 이러한 법 적용의 허술함으로 인하여 노동인권 침해는 언제든지 발생할 수밖에 없습니다. 근본적인 해결방안으로서의 노동관계법 개정 연구가 절실한 상황입니다.

→ 학교는 교육과정에서의 정규수업을 통하여 삶을 위한 교육(Learning for Life)으로서의 노동교육을 충실히 해야 한다. 서울특별시교육청의 노동인권교육 조례에는 산업수요맞춤형고등학교, 특성화고, 일반계고의 직업반 학생 대상으로 노동인권교육을 의무화했는데, 사실상 노동인권교육은 예외 없이 모든 학생을 대상으로 실시해야 하며 최소한 초등학교 상급학년부터는 노동수업을 해야 합니다. 아울러 학교의 이러한 노력을 뒷받침 할 수 있도록 가정의 학부모 교육도 강화되어야 합니다. 어떤 교육이든 자녀교육을 학교에만 맡기면 반쪽짜리 교육으로 성과는 없습니다. 학교의 노동인권교육을 지원하기 위한 학부모의 역량은 노동관련 전문성입니다. 학부모 정책을 담당하는 정부 부서에서는 학부모 대상 노동인권교육도 적극 추진해야 합니다.

slide 9

노동인권교육 국가 비교

○ **대한민국**

- 사회 교과서 총 62권(총 1만 7,260쪽) 중에 노동을 다룬 내용은 159쪽(전체의 1% 미만)
- 노동을 독립 단원으로 다룬 사례는 없다.
- 특히, 노동조합 구성의 정당성이나 법적인 근거를 명시한 교과서는 3권뿐이다.

○ **독일**

- 중등학교의 사회교과서 340쪽 중 93쪽을 노동내용으로 할애했다.
- 초등학생의 경우 1년에 6차례 모의노사교섭 프로젝트 수업을 한다.

○ **프랑스**

- 고등학교 1학년 과정의 시민·법률·사회교과서는 '단체교섭 전략과 기술'에 관한 내용이 전체의 1/3을 차지한다.
- 일반고와 실업고는 공히 3년간 노동인권교육 실시한다.

독일, 프랑스 등 선진국의 노동교육 시간에는 항의문건 및 벽보 제작, 서명운동, 언론과의 인터뷰 및 교섭연설문 제작 등 프로젝트 수업을 한다. 이러한 노동교육은 삶을 위한 교육이지 데모하는 기술을 가르치는 것은 아니다.

◎ 대한민국은 특성화고와 일반고의 직업반 학생만을 대상으로 노동교육을 한다. 알바를 하는 고등학생이 4명 중 1명 이상인 상황에서 모든 학생을 대상으로 노동교육을 하지 않는 것은 시대적 상황에 뒤떨어지는 국가교육과정을 운영하는 것이다.

◎ 2022 개정 교육과정에서 전문공통과목인 '노동인권과 산업안전보건'과 교양교과인 '인간과 경제활동'을 정식으로 학교교육과정에 편성하여 노동교육을 하도록 한다니 늦은 감이 있지만 다행스럽다고 생각한다.

◎ **노동교육자료에 포함되어야 할 내용**

1. 노동의 개념
2. 노동의 가치
3. 노동인권
4. 노동절의 유래
5. 노동의 역사
6. 노동관계법
7. 노동시간과 임금
8. 사업재해
9. 비정규직 노동
10. 노동조합 등

영역 3 30분

slide 10

연소자 노동 관련 현행법의 문제점 및 개선방안

1. 야간노동 금지 관련 사항

○ 야간노동은 WHO 산하 국제암연구소에서 2007년 발암물질 2급으로 규정한다.

- 근로기준법 제70조(야간근로와 휴일근로의 제한)에 원칙적으로 청소년노동자의 야간노동*은 금지되어 있으나, 본의의 동의와 고용노동부 장관의 인가가 있을 때는 제한적으로 허용한다.
- 2014. 5. 2. 고용노동부에서 〈청소년 근로 권익 보호 추진방안〉 중에 24시간 영업하는 프렌차이즈와 택배 집하장 등에서 일하는 청소년노동자의 심야시간(24~6시) 인가를 제한하였다.
- 또한 대공장 제조업체 분야에서 주간 연속 2교대가 확산되고 있다.

⇒ 청소년노동자만의 심야시간대 영업 제한뿐만 아니라, 모든 노동자의 건강권을 고려한 대책도 마련되어야 하며, 야간노동을 통하여 임금을 벌충하는 당사자의 입장을 고려한 대책도 병행되어야 한다.

◎ 본 자료(slide 10~15)는 서울시교육청의 교사 대상 노동인권 직무연수자료(이수정 노무사)에서 발췌하였다.

◎ **근로기준법 제70조(야간근로와 휴일근로의 제한)**

① 사용자는 18세 이상의 여성을 오후 10시부터 오전 6시까지의 시간 및 휴일에 근로시키려면 그 근로자의 동의를 받아야 한다.

② 사용자는 임산부와 18세 미만자를 오후 10시부터 오전 6시까지의 시간 및 휴일에 근로시키지 못한다. 다만, 다음 각 호의 어느 하나에 해당하는 경우로서 고용노동부장관의 인가를 받으면 그러하지 아니하다. 〈개정 2010. 6. 4.〉

1. 18세 미만자의 동의가 있는 경우
2. 산후 1년이 지나지 아니한 여성의 동의가 있는 경우
3. 임신 중의 여성이 명시적으로 청구하는 경우

slide 11

연소자 노동 관련 현행법의 문제점 및 개선방안

2. 5인 미만 사업장 근로기준법 및 산업안전보건법 일부 적용 관련

○ 5인 미만의 노동자가 일하는 사업장에는 '노동시간 제한', '연차휴가', '연장야간 및 휴일 가산수당', '안전·보건교육' 등이 적용되지 않는다.

⇒ 사업장 규모에 따라 발생하는 처우 문제의 해결을 위하려 1인 이상의 사업장으로 전면 확대가 필요하다.(2008. 4. 14. 국가인권위원회 권고)

3. 10인 미만의 사업장 취업규칙 미작성 관련

○ 10인 미만 사업장은 근로기준법 제93조(취업규칙*의 작성신고)에 의거 취업규칙 작성 및 신고 의무가 없다.

- 청소년들이 일하는 사업장의 70% 이상은 10인 미만의 영세사업장으로 취업규칙이 없다. 그래서 청소년 근로계약서 체약률은 20.8%에 불과하고, 최저임금 미만율은 22.2%, 임금체불은 14.2%에 달한다.

⇒ 취업규칙 의무 작성 사업장의 적용 범위를 확장할 필요가 있다.

◎ 5인 미만 사업장에서는 근로기준법이 일부 적용되고, 10인 미만 사업장에서는 취업규칙의 신고 의무가 없다는 것은 노동인권침해의 여지가 있다는 것이다.

◎ 취업규칙

- 취업규칙은 근로계약 관계에 적용되는 근로 조건이나 복무규율 등에 대하여 사용자가 일방적으로 작성하여 자신의 근로자들에게 공통적으로 적용하는 규칙이다.
- 상시 10인 이상의 근로자를 사용하는 사용자는 취업규칙을 작성하여 고용노동부장관에게 신고하여야 한다.
- 필요적 기재사항은 근로기준법 제93조에서 12개 사항으로 규정하고 있고, 이와는 별개로 사용자는 법령이나 단체협약에 위반하거나 위배되지 않는 한 어떠한 사항도 임의적 기재사항으로 기재 가능하다.

부당 해고 관련 상식

1. 해고 제한

사용자는 근로자를 정당한 이유 없이 해고할 수 없으며, 특히 일하다 다쳤을 때 치료하는 기간과 그 후 30일 동안은 절대로 해고할 수 없다.

가. 정당한 이유 없이 근로자를 해고할 수 없다.

나. 해고할 때는 해고 이유와 해고 시기를 서면으로 통지해야 한다.

다. 아래 기간에 해고하면 부당해고이므로 구제를 받을 수 있다.

* 해고 절대금지 기간

- 업무상 부상이나 질병 치료를 위해 휴업한 기간과 그 후 30일
- 출산 전후 휴가 기간과 그 후 30일
- 육아휴직기간

2. 해고 예고

가. 해고를 하려면 최소 30일 전에 알려야 한다. 예고를 하지 않으면 30일분 이상의 통상임금을 지급해야 한다.

- 5인 미만 사업장, 고용보험 미가입 사업장, 아르바이트를 하는 경우에도 해고 예고는 필수

나. 해고 예고를 하지 않아도 사용자가 법적 책임을 지지 않는 경우가 있다.

- 근로자가 계속 근로한 기간이 3개월 미만인 경우
- 천재지변, 그 밖의 부득이한 사유로 사업을 계속하는 것이 불가능한 경우
- 근로자가 고의로 사업에 막대한 지장을 초래하거나 재산상 손해를 끼친 경우로서 고용노동부령으로 정하는 사유에 해당하는 경우

3. 구제 신청

가. 구제 신청은 부당 해고가 발생한 날로부터 3개월 이내에 해야 한다.

- 부당해고 시 전문가 상담을 받고 빠르고 정확하게 대응하기
- 서울노동권익센터(상담전화 02-376-0001)

나. 부당해고를 인정받으면 직장으로 돌아가 원래 하던 일을 할 수 있다.
만약 복직을 원하지 않으면 해고기간 동안 못 받은 임금을 청구할 수 있다.

다. 구제 절차

- 노동전문가와 부당해고 등 구제방안에 대해 상담한다.
- 지방노동위원회에 부당해고 등 구제신청서를 제출한다.

* 사용자가 노동위원회의 구제명령을 이행하지 않을 경우, 이행강제금을 부과한다.
(이행강제금: 이천만 원 이하의 이행강제금 부과)

slide 12

연소자 노동 관련 현행법의 문제점 및 개선방안

4. 10인 미만 사업장 직장 내 성희롱 예방교육 미비 관련

○ 남녀고용평등과 일·가정 양립지원에 관한 법률 시행령 재3조(직장 내 성희롱 예방교육) 제4항은 10인 미만 사업자의 경우, 홍보물을 게시하거나 배포하는 것으로 교육의 의무를 면제하고 있다.

⇒ 직장 내 성희롱 예방교육은 개개인의 인권이 존중받는 문화 정착을 위하여 사업장 규모와는 관계없이 모든 사업장으로 의무화해야 한다.

5. 수습기간 최저임금 삭감 규정 관련

○ 최저임금법 제5조 제2항에는 수습사용 중에 있는 자로서 수습사용한 날로부터 3개월 이내인 자(단 1년 미만 기간을 정하여 근로계약을 체결한 근로자는 제외)에 대해서는 최저임금액과 다른 금액으로 최저임금을 정할 수 있게 되어 있다.

⇒ 노동자의 최저생계비 유지를 위하여 수습기간 임금 삭감 규정은 없애야 한다.

slide 13

연소자 노동 관련 현행법의 문제점 및 개선방안

6. 초단시간 법 적용 제외 관련

○ 초단시간 근로자는 근로기준법 제55조(휴일)가 적용되지 않아서 1주일 개근한 경우에도 주휴일 수당을 받지 못하고 휴일 노동에 대한 가산수당도 받지 못한다. 또한, 동법 제60조(연차유급휴가)도 적용되지 않아 휴가가 없어 쉴 권리를 누리지 못한다.

- 단시간 근로자: 1주 동안의 소정근로시간이 그 사업장에서 같은 종류의 업무에 종사하는 통상 근로자의 1주 동안의 소정 근로시간에 비하여 짧은 근로자를 말함
- 초단시간 근로자: 4주 동안을 평균하여 1주 동안의 소정근로시간이 15시간 미만인 근로자를 말하며, 근로기준법의 일부 규정이 제외됨

○ 초단시간 근로자는 '근로자 퇴직급여 보장법(제4조)' 적용에서 제외되어 퇴직금이 없고, '고용보험법 시행령(제3조)'의 적용도 받지 않음. 또한, 2년 연속 근무하면 무기계약으로 전환되는 '기간제 및 단시간 보호 등에 관한 법률'도 적용받지 않는다.

⇒ 노동시간 비례 대우 원칙에 대한 보완과 초과시간 노동에 대한 노동관계법 전면 개정이 필요함

slide 14

연소자 노동 관련 현행법의 문제점 및 개선방안

7. 근로계약서 미작성 관련

○ 2008년 1월 28일 근로기준법으로 청소년노동자에 대하여 근로계약서* 서면 교부를 의무화하고 2012년부터는 모든 노동자의 근로계약서 문서교부를 의무화했음에도 불구하고 청소년노동자의 근로계약서 체결률은 20%를 넘지 못하는 것이 현실이다.

- 고용노동부는 서면 교부를 이행하지 않았을 경우, 14일 이내에 시정하지 않으며 500만 원 이하의 벌금 부과

⇒ 위반 행위에 대한 처벌 강화

8. 근로계약 내용 중 서약서 강요 관련

○ 청소년노동자의 근로계약서 체결률은 낮으나 서약서를 강요하는 사례는 많다.

- 근로기준법은 위약금 또는 손해배상을 예정하는 계약을 하지 못하도록 정하고 이를 위반한 경우 500만 원 이하의 벌금에 처하도록 한다.
- 서약서의 상당 부분은 '결근', '실수했을 경우', '근로계약 기간을 채우지 못하고 그만 둘 경우' 등에 대한 손해배상을 예정하는 내용임

⇒ 근로계약서 점검 때 서약서 작성 실태를 반드시 점검할 필요가 있음

근로계약서

근로계약서는 사용자와 근로자가 합의하여 작성하는 것이고, 특별한 양식이 정해져 있는 것은 아니다. '연소근로자 표준계약서'는 고용노동부가 제공한 최소한의 표준양식이므로, 당사자들이 필요한 내용을 추가할 수 있다.

근로계약은 친권자나 후견인은 연소자의 근로계약을 대리할 수 없으며 사용자는 근로계약서 1부를 직접 연소자에게 교부하여야 한다.

※ 근로계약서에는 다음과 같은 내용이 반드시 명시되어야 한다.

1. 임금과 그 구성 항목, 계산 방법, 지급 방법
2. 근로시간
3. 휴일
4. 연차유급휴가
5. 취업의 장소와 종사해야 할 업무

slide 15

연소자 노동 관련 현행법의 문제점 및 개선방안

9. 휴식권 확보 관련

○ 지나치게 긴 휴식시간을 두거나 대기시간을 휴식시간으로 갈음하여 해당 시간에 대한 임금을 지급하지 않는 등의 사례(꺾기)가 많다.

- 근로기준법 제54조(휴게)에는 일하는 시간이 4시간인 경우 30분 이상, 8시간인 경우 1시간 이상 휴게시간을 주게 되어 있으나, 상한선이 정해 있지 않아 규정을 악용하는 사례가 많다.
- 산업안전보건법에 근거하여 사업주는 근로자를 위한 휴게실을 갖추어야 하며, 서서 일하는 근로자를 위하여 의자를 비치해야 하여야 한다.

⇒ 사업주의 의무사항 정기적 점검 강화

10. 사업장 내 폭언 폭행 관련

○ 2018년 청소년 1,172명 대상 사업장 내 폭언·폭행 실태조사에 의하면 고용주/상사로부터 심한 욕설 8.6%, 고객으로부터의 욕설 11.8%, 고용주/상사로부터 매맞음 3.0%, 고객으로부터 맞음 2.1%로 나타난다.

⇒ 사업주뿐만 아니라, 상사, 동료, 고객 등으로부터의 폭언·폭행 예방을 위한 정부 차원의 홍보 및 교육이 필요하다.

노동인권감수성 높이기

1. 프레임에 갇혀 있는 노동에 대한 편견 깨기
   (예) 비서 역할에 중년여성, 승무원 복장규정 등
2. 감추어진 진실을 꿰뚫어 보는 힘 기르기
   (예) 청소노동자들의 열악한 노동 현장, 비정규직 노동 문제
3. 사람 중심의 일터를 고민하기
   (예) 캐셔 노동자들의 계산대 변화 과정, 경비노동자 이야기
4. 부당한 감정노동을 강요하지 않는 일터 만들기
   (예) 감정노동자, 청년알바들의 이야기
5. 부당한 질문을 정당한 질문으로 변화시키는 힘 키우기
   (예) "너 왜 알바하니?"를 "알바하면서 겪는 어려움은 뭐니?"로 변화시키는 것

출처: 서울청소년노동인권네트워크, 공군자

slide 16

노동인권 퀴즈

1. 만 15세 이상이어야만 알바를 할 수 있다.
2. 만 18세 미만 청소년은 하루 7시간 일주일에 35시간을 초과하여 일할 수 없다.
3. 사용자는 만 18세 미만인 청소년에게 본인의 동의 없이 오후 11시까지는 야간 근로를 시킬 수 있다.
4. 고등학생이 방학 때 알바를 하려고 한다면 부모님의 동의서만 있으면 된다.
5. 사용자가 산재보험*을 들지 않으면, 일하다 다쳐도 산재 처리는 불가능하다.
6. 치료기간이 4일 미만이면 산재재해*로 보상받을 수 없다.
7. 식당에서 알바를 하는 여학생인데 생리휴가를 매월 얻을 수 있다.
8. "사장님이 임금 주는 날짜가 매월 달라요." 그럴 수 있다.
9. "사장님이 다음 주부터 나오지 말래요." 사업주가 고용보험에 가입 안 했으면, 보상을 못 받는다.
10. 반년 전의 부당해고도 노동위원회에서 구제 신청을 받을 수 있다.

◎ 노동인권교육은 실제로 노동현장에서 발생하는 부당노동행위나 인권침해 사례를 가지고 토론하는 것이 가장 좋은 교육 방법이다.

◎ 산재보험과 산재재해

산재보험은 근로복지공단에서 관리하는 공적 보험으로, 산재재해보상보험의 준말이다. 산재재해란 업무상의 사유에 따른 근로자의 부상, 질병, 장해 또는 사망을 말한다.

- **업무상 사고**
  업무를 하던 중에 발생한 사고, 사무실이 아닌 휴게실, 화장실, 계단 등 사용자가 제공한 시설을 이용 중에 발생한 사고. 사용자의 지시에 의해 참여한 행사 중이나 행사 준비 중에 발생한 사고
- **업무상 질병**
  업무 중 근로자 건강에 장해를 일으킬 수 있는 요인을 취급하거나 그에 노출되어 발생한 질병, 업무상 부상 등이 원인이 되어 발생한 질병

노동인권 퀴즈 정답

	Question	Answer
1	만 15세 이상이어야만 알바를 할 수 있다. (만 13세와 만 14세도 고용노동부장관의 취직인허증을 발급 받으면 알바를 할 수 있다.)	×
2	만 18세 미만 청소년은 하루 7시간 일주일에 35시간을 초과하여 일 할 수 없다. (당사자 간의 합의에 따라 1일 1시간, 주 5시간까지 연장근무를 할 수 있다.)	×
3	사용자는 만 18세 미만인 청소년에게 본인의 동의 없이 오후 11시까지는 야간근로를 시킬 수 있다. (청소년에게 10시 이후의 야간근로는 금지되어 있다. 그러나 청소년의 동의가 있으면 시킬 수 있다.)	×
4	고등학생이 방학 때 알바를 하려고 한다면 부모님 동의서만 있으면 된다. (만 15세 이상 만 18세 미만의 청소년은 가족관계증명서와 친권자(또는 후견인) 동의서가 있어야 한다.)	×
5	사용자가 산재보험을 들지 않으면, 일하다 다쳐도 산재 처리는 불가능하다. (산재 처리는 사용자의 산재보험 가입 여부와는 관계없이 가능하다.)	×
6	치료 기간이 4일 미만이면 산재재해로 보상받을 수 없다. (4일 미만이면, 사용자가 직접 보상해야 한다.)	○
7	식당에서 알바를 하는 여학생인데 생리휴가를 매월 얻을 수 있다. (근로자 수가 4인 이하인 사업장은 생리휴가를 주지 않아도 된다.)	×
8	사장님이 임금을 주는 날짜가 매월 달라요. 그럴 수 있다. (근로기준법에 의거 사용자는 임금 4대 원칙(돈으로 지급, 본인에게 직접 지급, 전액 지급, 월 1회 이상 일정한 날짜에 지급)을 지켜야 한다.)	×
9	"사장님이 다음 주부터 나오지 말래요" 사업주가 고용보험에 가입 안 했으면 보상을 못 받는다. (해고는 적어도 30일 전에 예고해야 한다. 그렇지 않을 경우에 30일간의 임금을 지불해야 한다.)	×
10	반 년 전의 부당해고도 노동위원회에서 구제신청을 받을 수 있다. (부당해고는 3개월 이내에 노동위원회에 구제신청을 해야 한다. 만약 3개월이 지났으면, 민사소송을 제기해야 한다.)	×

토론 및 발표 50분

◎ **방식** | 원탁토론

◎ **방법** | 3가지 질문에 대한 의견 나누기

◎ **질문**

1. 중고등학교에서 노동교육을 왜 해야 하는가?

2. 노동인권교육은 어떤 방법이 효과적이라고 생각하는가?

3. 노동과 학업을 병행하는 생계형 알바생에 대한 학교의 지원 방안은 무엇인가?

청춘이란

사무엘 울만

청춘이란
인생의 어떤 시기가 아니라
마음가짐을 뜻하나니

장밋빛 볼, 붉은 입술, 부드러운 무릎이 아니라
풍부한 상상력과 왕성한 감수성과 의지력
그리고 인생의 깊은 샘에서 솟아나는
신선함을 뜻하나니

청춘이란 두려움을 물리치는 용기,
안이함을 물리치는 모험심,
그 탁월한 정신력을 뜻하나니

때로는 스무 살 청년보다
예순 살 노인이 더 청순일 수 있네
누구나 세월만으로 늙어가지 않고
이상을 잃어버릴 때 늙어가나니

세월은 피부의 주름을 늘리지만
열정을 가진 마음을 시들게 하진 못하지
근심과 두려움, 자신감을 잃는 것이
우리 기백을 죽이고 마음을 시들게 하네

IV 매뉴얼 사용자 TIP 20

CHAPTER

IV 매뉴얼 사용자 TIP

1 매뉴얼 사용자를 위한 TIP 20

TIP 1 열린 질문은 자기성찰을 유도하는 등대불

인간관계에서 발생하는 다양한 혼돈, 갈등 혹은 도전적 상황에서 상담전문가는 관계회복을 위하여 구조화된 열린 질문을 사용한다.

"너는 그 상황이 너에게 어떤 의미가 있는 거니?"
"네 마음에 대한 무엇을 알아주었으면 하는 거니?"
"네가 진정으로 원했던 것이 무엇이었니?"
"앞으로 나가기 위해 무엇을 제안하고 싶니?"

이러한 질문은 질문자가 자신의 감정을 조절하면서 상대방이 스스로 문제행동을 성찰하고 해결책을 찾도록 유도하는 회복적 질문 또는 건설적 질문이라고 한다.

일반적으로 우리 어른들은 열린 질문에 익숙하지 않다. 교사나 부모는 학생 또는 자녀의 문제행동을 관찰하고 이해해야 할 낯선 행동이라고 생각하지 않고, 비정상적인 문제라고 심각하게 반응하면서 즉각적인 지적과 조언을 한다.

이러한 예민한 심리상태에서 제기되는 질문은 응보적 질문이자 자기중심적 질문으로 분석, 추궁, 비교, 지시, 훈계, 강제, 무시 등으로 발현되면서 관계회복의 걸림돌로 작용한다.

어른의 가르치려는 선한 행동은 오히려 학생 또는 자녀의 자존심을 부추기고 부정적 신념만 강화시키어 상호 간의 반목과 갈등의 골은 점점 깊어진다.

인간관계에서의 심리적인 갈등 상황들은 성격상의 문제라기보다는 관점의 차이로 보아야 한다. 따라서 해결책이 아니라 이해가 필요한 것이다. 이러한 이해를 바탕으로 한 갈등 조정은 갈등 해결이 아니라 갈등 전환을 위한 노력인 것이다.

관계회복을 위한 갈등 조정은 반드시 열린 질문을 사용해야 한다. 열린 질문은 길을 알려주는 등대불과 같다고 한다. 열린 질문은 상대방의 내면을 스스로 개방하고 소통하게 하며 자아와 세계 간에 상호작용을 하면서 가야할 길을 찾도록 인도하는 힘을 갖고 있다.

열린 질문은 상대방에 대한 존중과 배려이자 사랑의 언어이다. 화목하고 평화로운 학교와 가정을 만들기 위해서는 교사와 부모는 경청뿐만 아니라 열린 질문의 사용에도 익숙하여야 한다.

출처: 서울시중부교육지원청 2020 갈등조정전문가 연수자료 일부 참조

TIP 2 경청은 대화의 물꼬이자 상호이해의 통로

학생과 선생님의 갈등 상황에서 학생의 짜증, 무례함, 도전적 언행에 대하여 선생님들은 대부분 즉각적으로 민감한 반응을 보인다. 마찬가지로 가정의 부모들도 자녀와의 자극적이며 격앙된 상황에서는 습관적으로 경청하기보다는 상황 설명과 훈계를 하게 된다.

우리 어른들은 왜 경청을 하지 못하는 걸까? 대화에서의 경청은 매우 중요하다고 생각하면서도 실천이 어려운 이유는 상대방의 말을 나의 관점에서 옳고 그름과 정당성의 필터링을 통하여 판단하기 때문이다.

그러한 나 위주의 경청은 2가지의 부정적인 심리상태에 직면한다. 하나는 상대방의 말, 행동, 태도가 무시 또는 위협으로 간주되어 자기방어와 교정하려는 충동이 생기는 것이며, 다른 하나는 상대방이 맞고 내가 틀리다는 불리한 입장과 상황을 만들지 않으려는 자존심의 발동이다.

나의 관점으로만 상대의 언행을 판단하는 것은 소통을 불가능하게 만드는 최악의 걸림돌이다. 우리의 삶은 내가 경험하고 생각한 것보다 훨씬 복잡하고 다양하며 불가사의하다. 어른인 교사와 부모가 학생(자녀)의 언행을 자신의 사고 프레임 안에서 개입하고 주입·교화하는 것은 그들의 개성, 다양성, 창의성을 존중하지 않고 자존감을 떨어뜨리는 비교육적인 행위이다. 어른 자신도 학생(자녀)와 더불어 끊임없이 배우고 성장하는 존재임을 인식하여야 한다.

학생의 문제행동을 지도할 때에 선생님은 학생에게 답을 주고 깨우치도록 하는 우월적 입장을 버리고, 들어주고 함께 고민하는 수평적 관계를 지향해야 한다. 상담은 내담자가 주인공이니 적극적이며 맥락적인 경청이 필요하다.

경청은 대화의 물꼬이자 상호이해의 통로이다. 그리고 경청은 학생 자신이 스스로 문제를 발견하고 자발적으로 문제를 해결하는 자기주도성을 갖고 있다. 경청 없는 관계회복은 기대할 수 없다.

'말하지 말고 대화하라'의 속뜻을 생활에서 실천하자. 우리 어른들은 도와주기 위해서, 문제를 해결하기 위해서 자신의 말만 하는 습관을 버리고, 상대방의 말을 경청하고 공감하는 자기관리 능력을 배양해야 한다.

출처: 서울시중부교육지원청 2020 갈등조정전문가 연수자료 일부 참조

TIP 3 퍼실리테이터의 역할과 의사소통기술

본인의 한양대 교육대학원 수업 경험을 바탕으로 학습자 중심의 토론수업을 진행할 때에 필요한 퍼실리테이터(Facilitator)의 역할을 몇 가지 안내한다.

1. 열린 대화와 효과적인 의사소통이 가능한 토론그룹을 조성한다.
2. 학습자들이 정보, 의견, 경험 등을 주고받도록 돕는다.(NGT 사용)
3. 토론 진행 과정과 논의 중인 내용을 주의 깊게 관찰한다.
4. 학습자 개개인이 토론의 룰을 준수하며 책임있는 행동을 하도록 한다.
5. 학습자 간의 지속적인 친밀관계가 유지되도록 중매자 역할을 한다.
6. 그룹별 발표 시, 다양한 질문을 하도록 하며 답변은 가급적 발표자가 하지 않고 반전질문(reverse question)이나 중계질문(relay question)으로 토론그룹에서 하도록 한다.

이어서 퍼실리테이터의 역할 수행에 필요한 의사소통기술을 소개한다.(이지선, 2019)

- Acknowledging(알아채기): 참여자의 감정을 알아내고 표면화하여 그룹이 그 상황을 인지하고 받아들이도록 하는 기술
- Stacking(잡아두기): 참여자가 동시에 발언할 경우, 발언권에 대한 경쟁이 발생하지 않도록 순서를 정하는 기술
- Tracking(추적하기): 동시에 여러 가지 주제가 논의될 경우, 논의가 체계적으로 이루어 질 수 있도록 지원하는 기술
- Balancing(균형잡기): 그룹의 소수가 논의를 독점하는 것을 방지하여 그룹의 폭넓은 참여를 유도하는 기술

- Mirroring(따라 말하기): 참여자의 발언을 그대로 따라 해서 발언자에게 신뢰를 주고 왜곡을 방지하는 기술
- Paraphrasing(바꿔 말하기): 참여자의 발언을 유사한 말로 따라 하면서 발언자에게 신뢰를 주고 의미를 명확히 하는 기술
- Summarizing(요약하기): 논의된 내용을 명확히 하거나 다음 단계로 이동하기 위해 요약하여 제시하는 기술
- Presenting(발표하기): 미리 정리된 정보를 참여자에게 동시에 발표하여 이해하도록 돕는 기술
- Linking(연결하기): 참여자의 발언이 전체 논의와 어떤 맥락을 이루고 있는지 설명할 수 있도록 지원하는 기술
- Validating(유효화하기): 참여자의 발언이 옳다고 동의하는 것은 아니나, 정당한 의견으로 받아 들이는 기술
- Empathizing(공감하기): 참여자의 감정을 이해하고 동일시하여 공감하는 기술
- Intentional Silence(의도적 침묵): 참여자에게 말할 것이 있는지 확인하는데 필요한 시간을 위하여 몇 초간 조용히 기다리는 기술

TIP 4 성인교육을 위한 교수 역량(기술편)

성인교육(Adult Education)을 할 때, 필요한 교수 역량으로서 갖추어야 할 기술(Skill)과 태도(Attitude)를 안내한다.

1. 상호 작용

가. 질문 사용

○ 질문의 기능: 주의 집중 / 참여 유도 / 관심 유도 / 학습자에 대한 존중

○ T자형 질문을 하기

- What else: 질문의 폭을 넓혀가면서 질문한다.('또, 어떤 것이 있을까?', '다른 방법이 있다면?')
- Why: 이유와 원인을 질문한다.('왜 그랬을까?', '왜 그렇게 생각하는가?')

나. 적절한 답변

○ 질문에의 대응
- 질문자에게 시선을 준다.
- 적절한 끄덕임으로 반응한다.
- 질문 내용에 대해서 확인하면서 학습자 전체에 질문 내용을 공유한다.
- 질문에 대한 감사 표시를 한다.
- 답변이 충분했는지 확인한다.

다. 효과적인 피드백

- 피드백은 잘못에 대한 지적이 아니고 개선을 위한 선의의 지원이다. 먼저 잘 한 것, 잘 하려고 했던 의도에 대해 칭찬을 하고 개선점을 이야기한다.('이런 생각을 했다는 것 자체가 대단한 것이다. 그러나 이렇게 했다면 더 좋았을 것 같다.')

2. 동기 유발

가. 비전 제시

○ 개인의 학습 비전 공유
- 학습 비전을 공유하기 위해서는 먼저 학습자들의 비전을 공개하는 시간을 갖게 하는 것이 좋다(과정에 들어 온 계기, 목표, 얻고자 하는 것은?)

○ 강사의 학습 비전 제시
- 강의 참여 계기 / 강사로서 줄 수 있는 도움 / 강사로서 책임감 언급

나. 학습 필요성 강조

- 학습을 통해 얻을 수 있는 이익을 제시하여 학습 동기를 끌어 낼 수 있다.
- 성인은 학습을 통해서 얻을 수 있는 이익보다 학습하지 않았을 때 처할 수 있는 불이익에 더 민감하게 반응하기도 한다.

다. 풍부한 예시와 사례 제공

- 학습자는 개념보다는 예시를 통해 더 잘 기억한다.
- 예시는 현실적인 내용일수록 더 쉽게 받아들인다.
- 개념 설명 〉 실제 사례 〉 정리와 같은 순서가 가장 일반적이다.

- 쉽게 설명하기 어려운 개념은 사례를 먼저 제시하고 학습자들과 가벼운 토론 후에 개념을 제시하는 방법도 효과적이다.

3. 유연성

가. 강의 환경 적용

- 강사는 강의 전 강의장의 환경과 사용할 수 있는 도구에 대해서 미리 파악해야 한다.
- 강의에 필요한 좌석배치, 조명상태, 교육 도구들을 사전에 점검하고 필요하면 준비를 요청한다.
- 강의 진행에 도움을 줄 수 있는 인력이 필요하면, 사전에 상의해 역할을 명확하게 해둔다.
- 기본적인 도구의 사용법에 대해 미리 익혀두는 것이 좋다.

나. 학습자의 반응에 대한 대응

- 성인학습자들의 학습 중에는 일반 학교 강의장에서 쉽게 겪을 수 없는 상황이 발생하기도 한다.
- 강사는 이런 반응에 정면으로 맞서기보다 상황 해결을 위해 침착하게 대응해야 한다.

다. 학습자의 상태에 대한 대응

- 성인학습자는 신체적으로 쉽게 피로를 느끼고 집중력을 잃기 쉽다.
- 강사는 강의 중 학습자의 상태를 관찰하여 학습과 휴식의 강도를 유연하게 조절할 수 있어야 한다.

4. 다양성

가. 다양한 교수법 이해와 강의 환경 적용

- 강사는 다양한 교수법을 익혀 강의에 가장 적합한 교수법을 선택하여 활용할 수 있어야 한다.
- 끊임없이 연구하고, 실행을 통해 적절한 교수법을 찾아낸다.
- 가끔 강의는 강의 내용보다 선택한 교수법에 의해서 효과가 달라지기도 한다.

나. 피드백에 대한 수용과 적용

○ 피드백의 효과
- 학습자의 요구 반영을 통해 참여도 증대
- 학습자의 만족도 증가
- 학습자에 대한 존중
- 추후 강의 개선점 파악

○ 피드백의 종류
- 강의 중 학습자의 반응 관찰
- 강의 마치는 시점에 질문을 통해서 느낀 점, 배운 점, 바라는 점 찾기

다. 다양한 매체 활용

- 학습자는 시각을 통해서 학습한 내용을 가장 오래 기억한다.
- 다양한 매체 활용은 학습 피로도를 감소시키고 학습 집중력을 유지시키는 데 큰 도움이 된다.

출처: 서울시 자유시민대학 제공 연수자료 참조

TIP 5 성인교육을 위한 교수 역량(태도편)

1. 학습자 이해 및 존중

가. 학습자 특성 파악

○ 인구통계학적 특성: 인원, 성별, 연령대, 학력, 직업 등

○ 학습 경험적 특성
- 다른 강좌 참여 경험, 유사 강좌 참여 경험, 누적 학습 참여 시간

나. 경험과 사고 존중

- 경험에 대한 존중: 성인학습자는 학습 환경, 학습 형태에 대하여 뚜렷한 선호를 가지고 있으며, 그런 선호와 일치하지 않는 경우 불만을 표시하거나 학습을 포기한다. 강사는 그러한 점을 인정하고 존중해야 한다.
- 사고에 대한 존중: 성인들은 자신들의 경험을 바탕으로 사고의 패턴을 가지고 있고 유지하려고 합니다. 강사는 학습자의 사고를 한 번에 바꾸려는 시도보다 학습을 유지하면서 서서히 바꾸려고 해야 한다.

다. 이론과 실무의 연결

○ 성인학습자의 수행 중심 경향
  - 성인학습자들은 학습을 통하여 사회적 역할을 지향한다. 그리고 교과 중심에서 수행 중심을 원한다.

○ 이론과 실무의 연결 시도
  - 성인학습자들은 강좌의 어느 영역과 내용을 활용해서 어떤 일을 할 수 있는지를 탐색한다.

2. 철학 및 신념

가. 자부심

- 강사의 자부심은 곧 강좌에 참여하는 학습자의 자부심으로 연결된다. 그리고 학습자의 학습 비전과 미래 가능성을 강화하는 효과가 있다.

나. 합당한 윤리규정 준수

○ 행동적 규범
  - 강의 시간을 준수한다.
  - 바른 자세로 강의한다.
  - 언제나 밝은 표정으로 학습자를 대한다.
  - 학습자들에게 예의를 지킨다.

○ 언어적 규범(다음의 표현주의)
  - 비어나 속어
  - 정치적·종교적으로 편향된 이야기
  - 성희롱이나 성차별 발언
  - 일부 계층, 직업, 지역에 대한 차별 발언
  - 학습자들을 비하 혹은 비난하는 말

다. 도움에 대한 보람

○ 학습자들은 다양한 욕구를 가지고 있으며, 학습을 통해서 도움을 받고자 한다. 이는 자신의 지적 호기심을 채우는 동시에, 새로운 인생의 행로를 개척하거나, 인적 네트워크를 통해 자신의 효과성을 검증 받으려는 것이다.

○ 강사의 보람은 강의에서 은연중 나타나게 되고 학습자들의 학습 의지나 참여도 그리고 강의 만족도에 영향을 준다.

3. 신뢰 구축

가. 철저한 강의 및 자료 준비

- '늘 하던 것인데'라는 생각은 자신감이 아니라 매너리즘이다.
- 아무리 많은 지식을 가지고 있어도 '어떤 기법과 방법으로 전달하느냐?'는 강의 수준과 질을 결정한다.

나. 열정적인 강의

○ 강사의 열정은 강의의 힘과 전달력을 좌우하며, 다음과 같은 요소에 의해 표현된다.

- 밝은 표정
- 힘찬 목소리
- 적극적인 시선교환
- 상호작용
- 유머
- 풍부한 사례

다. 품위 있는 복장

- 복장은 보수적인 것이 안전하다. 화려하거나 튀는 복장은 자칫 학습자의 선호에 따라 부작용을 일으킬 수 있다.
- 강의의 성격에 따라 열정이 필요할 때는 레드 계열을, 논리적이고 학술적인 느낌을 줄 때는 블루 계열을, 인간적인 모습이 필요할 때는 옐로우 계열을, 자연 혹은 환경에 대하여 강의할 때는 그린 계열이 좋다.

출처: 서울시 자유시민대학 제공 연수자료 참조

TIP 6 학습피라미드(Learning Pyramid)와 하브루타 교육

미국의 교육연구소(NTL, National Training Laboratoties)는 다양한 방법으로 공부한 다음 24시간이 지난 후에 기억에 남는 비율을 피라미드로 나타내었다.

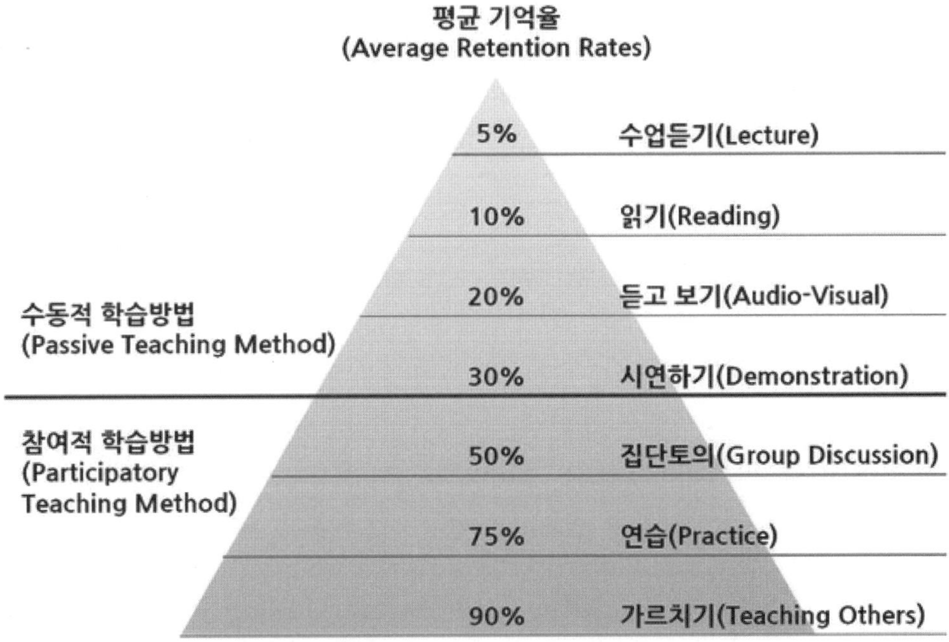

Adapted from National Training Laboratories, Bethel, Maine

* 피라미드에서 제시된 학습방법에 따른 기억율은 강의(Lecture)보다 토론(Group Discussion)이 10배, 친구 가르치기(Teaching Others)는 18배이다. 유대인의 하브루타 교육(둘씩 짝을 지어 토론하고 논쟁하는 교육방식)이 최고의 교육방법이라는 논리가 설득력을 갖는다.

* 참고로 하브루타 교육의 주요 특징을 소개한다.

- 설명이나 지시보다 질문을 많이 한다.
- 정답을 알려주지 않고 다시 질문한다.
- 하브루타 교육 전에 충분히 준비시킨다.
  (부모와 함께 가정의 식탁에서 Flipped Learning)
- 학생 스스로 판단하고 결정하게 한다.

- 남과 다르게 생각하도록 유도한다.
- 구체적인 근거를 들어 칭찬한다.
  (교육학자 알피콘은 의례적 또는 구체적이지 못한 상과 벌은 독약이라고 함)

TIP 7 학교폭력 예방 ALARM 지도법

학교폭력 예방 알람(ALARM) 지도법은 집단따돌림 예방을 위하여 실천해야 할 지도방법으로, ask, listen, acknowledge, rebuild, maintain의 첫글자로 조합한 약자이다.

○ Ask

물어보라. 학교폭력에 대하여 조례나 종례 시에 학교폭력 피해에 대하여 물어본다는 것은 학교폭력이 범죄라는 사실을 인식시키고 피해학생에 대하여 도움을 주겠다는 메시지이다. 질문은 두려움에 떨거나 신고를 망설이는 학생에게 마음의 문을 열도록 하는 용기를 주게 된다. 교사의 가장 큰 역할 중의 하나는 학생들의 학교생활을 살피고 학교폭력 등의 어려움에 처한 학생을 발견하고 구제하는 일이다. 평소에 점심시간이나 쉬는 시간에 학급에서의 학생들의 활동과 교우관계 등에 관심을 갖고 이상행동을 보이는 학생에 대해서는 특별한 관심을 기울여야 한다.

○ Listen

물어본 다음에는 반드시 들어 주어야 한다. 물어보기만 하고 들어주지 않는 경우가 많다. 학생들은 이야기해야 소용없다는 생각, 오히려 문제가 커질 수 있다는 생각, 피해를 당하고 있는 사실이 부끄럽다는 생각 등으로 자신의 고충을 쉽게 털어놓지 못한다.

교사는 학생의 말 한 마디에 분위기를 리드하려는 의도에서 열 마디를 하려고 한다. 교사는 학생이 이야기한 내용의 파악과 설득하려는 노력보다는 들어주는 인내심을 가져야 한다. 듣는 과정에서 들은 것을 다시 한 번 말해주는 앵무새 전법을 쓰는 것이 필요하다. 인정과 신뢰의 래포를 형성하면서 말문을 열도록 맥락적 경청을 하여야 한다.

○ Acknowledge

물어본 다음에는 솔직히 이야기해 준 것에 대하여 감사의 표시를 해주어야 한다. 그렇게 하면 학생은 존재가치를 인정받고 있음을 느끼고 선생님이 자신의 문제를 신중하게 도와줄 꺼라는 신뢰감을 갖게 된다. 선생님의 감사표현은 학생과의 소통관계 형성의 시작이다.

❍ Rebuild

감사의 마음을 표현한 다음에는 교사와 학생 간, 학생과 학생 간의 관계를 새롭게 정립해야 한다. 특히 학급의 동료는 서로 존중하는 관계로 지내야 하며, 향후 인생의 동반자로 함께 살아가야 하는 존재임을 인식시켜야 한다. 동료 간의 관계형성은 친구의 의미, 우정, 공동체적 삶 등을 주제로 토론수업이나 학급회의를 하거나 교육과정에서 장기프로그램인 어울림프로그램을 운영하는 방식이 큰 효과가 있다.

❍ Maintain

지속적으로 관심군 학생을 관리해야 한다. 학교폭력은 순식간에 발생하며 일회성이 아니라 지속성을 갖는다. 고험군학생, 보호대상 학생에 대한 끊임없는 관심, 소통, 배려의 끈을 놓지 않으면 학교폭력은 예방할 수 있다. 안전하고 평화로운 학급 만들기는 학교의 교직원이 모두 나서야 할 일이지만 그래도 학급을 운영하는 제2의 부모인 담임선생님의 지속적인 노력이 가장 중요하다.

출처: 2014 교육부 포럼자료집

TIP 8 파토스의 힘

그리스의 철학자 아리스토텔레스는 일찍이 설득의 기술로 에토스(ethos), 로고스(logos), 파토스(pathos)의 3요소를 제시하였다.

에토스는 신뢰성이다. 인정할 만한 업적이 있거나, 경험이 풍부하다거나, 알아주는 높은 직책을 맡았던 사람의 말은 신빙성이 있어 보인다.

로고스는 자료, 통계, 연구결과 등을 통한 논리적인 설득력이다. 실증적인 데이터를 제시하는 것은 논리적인 측면이 강조되어 주장에 힘이 실린다.

파토스는 정서적 유대감을 형성하고 공감할 수 있는 일화나 실제 사례로 감동을 주는 행위다.

TED 역사상 가장 긴 기립 박수를 받은 브라이언 스티븐슨의 강연은 에토스(ethos) 10%, 로고스(logos) 25%, 파토스(pathos) 65%라고 한다.

여러분의 강의는 논리에 치우친 로고스적 강의는 아닌지? 그리고 파토스는 몇 %나 되는지 스스로 점검해 보자.

◎ 탁월한 강의의 특징 (1번부터 4번까지는 파토스에 해당)

1. 개인적 경험 이야기로 참신함과 감동 주기
2. 청중이 미처 몰랐던 새로운 사실 알리기
3. 역사적 사건의 생생한 장면 떠올리기
4. 유명한 인물의 실제 사례 부각하기
5. 충격적 수치(데이터) 제시로 주위를 환기시키기
6. 트위터식 한줄 정리로 기억나는 문장 만들기
7. 유머 날리기로 호감과 웃음 주기
8. 대화하듯 쉽게 천천히 말하기
9. 질문을 유도하고 질문으로 답하기
10. 리더처럼 말하며 걷고, 몸짓언어 사용하기

TIP 9 논리적 오류

1. 논점 회피의 오류

논증은 상대방이 동의할 수 없는 결론을 상대방이 동의할 수 있는 전제를 이용해서 설득하는 것이다. 상대방이 동의할 수 없는 전제를 가지고 상대방을 설득하려고 한다면 그것은 잘못된 논증이다.

이러한 잘못은 두 가지로 나누어 볼 수 있다. 첫 번째는 대부분의 사람이 동의하지 못하는데 혼자서만 또는 소수만 그 전제가 옳다고 주장하는 경우이다. 두 번째는 찬반 양쪽이 전제를 둘러싸고 날카롭게 논쟁 중이어서 참이 입증되지 않았는데 일방적으로 주장을 하는 경우이다.

한마디로 보편적인 근거 없이 단정적으로 말하거나, 검증되지 않은 논리를 내세우며 주장하는 것은 논점 회피의 오류이다.

2. 일반화의 오류

자신이 알고 있는 몇 가지 사례를 가지고 일반화된 주장을 하는 것은 성급한 일반화의 오류이다. 예를 들어, '머리가 길고 교복 치마가 짧은 학생은 공부 못하는 불량한 학생이다.'의 주장은 논점 회피의 오류이며 일반화의 오류이다.

'학생들에게 표현과 집회의 자유를 허용하면, 학생들은 학교 일에 사사건건 반대할 것이다. '학생에게 선거권을 주면, 학교는 정치판이 된다.'와 같이 인과관계도 상관관계도 없는 비논리적인 주장은 모두 성급한 일반화의 오류이다.

3. 허수아비 공격의 오류

논쟁 상대자의 진짜 주장이 아니라 허수아비 주장을 비판했는데도 논쟁에서 이긴 것처럼 생각되는 것이 허수아비 공격의 오류이다.

그 방식은 두 가지로 이루어진다. 첫째, 상대방이 하지 않은 주장을 상대방이 했다고 뒤집어씌워 버리는 것이며, 둘째는 상대방의 주장을 부풀려서 비판하는 것이다.

예를 들면, '체벌을 금지하면, 교육을 포기하는 것이다.'라는 주장에서 교육 포기는 누가 봐도 설득력 있어 보이니 상대방의 주장인 것처럼 적당히 가져다 사용한 견강부회이다.

* 상기 내용은 '불편하면 따져봐'(최훈, 2014)에서 일부 발췌

TIP 10 감정적인 논쟁을 피하는 방법

'미움은 결코 미움으로 없어지는 것이 아니라, 사랑으로 없어진다'라는 말이 있다.

의견 차이로 생기는 갈등은 논쟁으로 해결되는 것이 아니고 상대방의 입장을 이해하고 공감하는 마음을 갖어야 해결된다.

의견 차이가 있어도 감정적인 논쟁을 하지 않는 방법을 소개한다.

1. 의견이 서로 다르다는 사실을 인정하고 다름을 기꺼이 환영하라

이견과 갈등 없는 발전은 없다. 한 번도 생각해 본 적이 없는 견해에 감사하라.

2. 본능적으로 떠오르는 느낌과 생각에 의존하지 말고 신중하라

침묵하면서 당신의 내면에서 처음 느끼는 감정에 조심하라. 그것은 자신을 변호하려는 반응으로 공감적 분위기를 깨뜨리는 우를 범할 수 있다. 대화 시작부터 깊이 생각하라.

3. 먼저 귀를 기울여라

상대가 충분히 말을 하도록 하라. 말을 가로막거나 방해하지 말라. 끝까지 경청하라. 소통의 다리를 만들고 동의할 수 있는 부분을 찾아라.

4. 시종일관 감정을 조절하라

대화의 시작부터 끝까지 부드러운 말투와 밝은 표정으로 이야기 하라. 격한 목소리나 제스처는 오히려 분위기를 해친다. 그리고 말을 적게 하고 가급적 '나-메시지'로 말하라.

5. 상대방의 견해를 숙고하고 신중히 검토하겠다고 약속하라

성급하게 결정하지 말고 차분히 모든 생각을 정리하는 시간을 가져라. 성급한 결정은 언제나 이행하기 어려운 상황들이 전개된다. 상대방의 입장에서 생각하는 역지사지의 지혜가 필요하다.

6. 상대방이 관심을 가져주는 점에 대하여 감사하라

논쟁에 이겨도 사람을 잃으면 공허한 승리다. 논쟁 상대를 자신의 친구로 만들어라. 그것이 소통의 리더십이다.

TIP 11 위기청소년 부모에게 주는 8가지 조언

1. 기다릴 줄 알아야 한다

기다림의 인내와 여유가 필요하다. 위기청소년을 안정시키는 최고의 명약은 시간이다. 청소년기는 시작과 끝이 있는 삶의 어느 한 단계라는 점을 염두에 두기 바란다. 부모와 자녀가 예외 없이 거쳐야 하는 이 시기에 불가피하게 찾아오는 시련을 참고 견디는 기다림과 자녀의 처지에서 바라보는 여유를 갖기 바란다.

2. 문제행동과 자녀라는 인간을 구별하자

부모님의 분노가 아무리 정당하다 할지라도 꾸지람 속에 담긴 깊은 뜻과 애타는 마음은 자녀에게 쉽게 전달되지 않는다. 오히려 부모의 말을 통해 자녀가 듣는 건 부모가 그들의 영혼에 얼마나 가까이 있는가이다. 못된 행동은 꾸짖되, 부모의 사랑까지 의심하지 않도록 한다.

3. 타협할 수 있어야 한다

금지와 제재도 가할 수 있어야 하지만, 자녀 스스로 자존감(자기 가치감)을 느끼는 타협을 할 수 있어야 한다. 자녀가 일탈행위를 했을 때, 곧 바로 충동적으로 행동하면 안 된다. 기다렸다가 다음 날 단호하면서도 열린 마음으로 대화를 시도한다. 잊지 말아야 할 것은, 여러분의 자녀는 주저하지 않고 부모로부터 자신에게 한계를 설정하는 성인의 역할을 기대한다는 사실이다. 한계를 설정한다는 것은 금지를 가하는 의미도 되지만, 자녀와 타협한다는 뜻도 된다.

4. 절대로 비교하지 마라

모범이 되는 것과 비교하면 자녀의 자존심을 자극하는 효과는 어느 정도 있겠지만, 상황은 더욱 심각해진다. 비교는 자녀를 더욱 좌절시키고 멸시감을 갖게 만든다.

5. 자녀의 실패를 예고하지 마라

아무리 화가 나더라도 부정적이거나 단정적인 말을 하면 안 된다. 오히려 항상 긍정적으로 대해야 한다. 예를 들어 공부를 안 하면 유급할 거라고 겁을 주면 안 된다. 청소년은 현재밖에 모르기 때문에 유급할지도 모른다는 부모의 위협은 그를 분발시키기보다 부모가 자신을 믿어주지 않는다는 느낌을 줄 뿐이다.

6. 자녀는 부모의 사랑을 자기중심적으로 왜곡해서 받아들인다.

자녀들은 부모의 사랑을 따뜻하고 보호받는 마음으로 느끼기 보다는 부담으로 받아들일 수 있다. “부모님이 날 사랑하는 것은 알아. 하지만 난 느낄 수 없어. 부모님은 내 공부에만 관심이 있지 나라는 사람에게는 관심이 없는 것 같아. 부모님은 날 사랑하기보다는 명령하고 판단할 뿐이야. 아무런 조건 없이 사랑해 주면 좋겠어.” 특히, 신경증을 앓고 있는 청소년에게는 부모의 사랑이 까다로운 요구나 비난으로 밖에 들리지 않는다.

7. 자녀와의 갈등상황에 제3자의 개입을 적극 권한다

긴장 상황에서는 자녀에게 권위를 세우거나 직면하는 일을 피해야 한다. 제3자의 개입은 자녀에게 열등감을 자극할 위험이 없으므로 청소년이 잘 받아들이는 편이다. 조부모, 삼촌, 이모, 존경하는 선생님 등은 부모-자녀 간의 위험스런 대면에 큰 도움을 준다.

8. 자녀를 있는 모습 그대로 사랑하라

부모는 자녀의 현재 모습을 수용하지 못하고, 자녀는 그러한 부모 때문에 스트레스를 받는다. 자녀의 신경증적인 반응은 대개 신경증적인 부모님이 자녀에게 거는 기대에서 비롯한다.

이제 부모님들은 두 가지와 이별해야 한다. 첫째는 자녀의 유년기와, 둘째는 이상적인 청소년에 대한 환상이다. 부모님의 정당한 기대가 자녀에게는 너무 부담스러운 요구로 느껴지기 때문이다. 청소년 환자들은 이렇게 말한다. “나 자신도 힘들고 두려운데, 부모님의 불안까지 떠맡아야 하니 정말 짜증나요.”

출처: 〈장-다비드 나지오의 ‘위기청소년’〉에서 일부 발췌

TIP 12 성인 대상 강의 노하우

많은 시도교육청과 자치구청이 협업으로 추진하고 있는 혁신교육지구 사업에는 사회복지사, 평생교육사, 전문상담사, 갈등중재전문가, 청소년지도사, 학교폭력 및 자살 예방 전문강사, 다문화가정지도사, 음악치료사, 시치료사 등 지역 사회의 다양한 교육전문가들이 마을교육활동가로서 학교교육을 지원하고 있다.

대부분의 마을교육활동가들은 특정 분야의 전문가이자 나름대로 교육 경험이 많은 분들이다. 이분들을 대상으로 교육을 하기 위해서는 그들이 갖고 있는 특성을 이해하여야 한다.

- 이론보다는 자신의 경험을 믿는다.
- 옳고 그른 답을 쉽게 말하지 않으며 미리 답을 갖고 있다.
- 해결방안이 주어졌을 때만 변화를 보이기 시작한다.
- 직접적인 이득이 있거나 필요에 부응해야 관심을 보인다.
- 배우는 사람마다 요구 정도가 다르고 수준 차이가 크다.
- 교육 시간에 민감하다.

이러한 특성과 요구를 반영한 성인교육은 다음과 같이 그들의 인지적, 정의적, 신체적 조건을 모두 고려해야 한다.

- 자발성, 자율성, 다양성을 고려한 질의응답이나 토론방식 학습
- 이론 중심보다는 체험학습이나 협력학습
- 학습자의 요구를 반영한 내용의 프로그램 운영
- 화합과 즐거움을 주기 위한 교양이나 인문학 강좌 끼워넣기 등

학교의 교원을 대상으로 하는 연수도 마찬가지다. 가르치려고 하지 말고 많이 아는 척도 하지 말아야 한다. 선정된 문제나 과제에 대하여 함께 고민하면서 해결방안이나 전략을 함께 생각하는 수평적 관계의 분위기를 만들면서 그들의 자존감을 높여 주는 질의응답, 발표, 토론 등의 연수자 참여 중심의 교육방식을 택해야 한다.

좀 더 기술적인 성인교육의 방법론은 '성인교육의 아버지'라 불리는 말콤 놀즈(Malcolm Knowles)가 1970년대에 미국학계에 발표한 '성인교육 기술'로서의 앤드라고지(Andragogy) 모형을 참고하면 좋을 것 같다.

TIP 13 유능한 교사의 10가지 특징

1. 유능한 교사는 학교 교육의 질을 결정하는 것은 시스템이 아니라 사람이며 협업이라고 믿는다.

2. 유능한 교사는 학생이 문제행동을 할 때 훈육에 앞서 그 행동의 원인이 무엇인지 파악하려고 하며 재발 방지를 목표로 학생과 래포를 형성한다.

3. 유능한 교사는 학생에게 높은 기대치를 가지며 교사 자신에게는 훨씬 더 높은 기대치를 갖는다.

4. 유능한 교사는 교실에서의 수업은 학생보다는 자신의 변수가 크다고 생각하며, 지속적으로 자기연찬을 도모하고 자신의 수업 행동에 초점을 맞춘다.

5. 유능한 교사는 학교와 교실에 긍정적 분위기를 조성한다. 모든 구성원을 존중하며 감사와 칭찬의 생활에 익숙하다.

6. 유능한 교사는 개인적으로 상처 받지 않도록 애쓰며 상처를 받으면 스스로 치유하면서 늘 좋은 관계를 만들려고 노력한다.

7. 유능한 교사는 매사에 디테일한 관점으로 계획을 치밀하게 세우고 결과에 대하여 평가와 환류를 철저히 한다.

8. 유능한 교사는 자신의 결정으로 누가 가장 편안하고 누가 가장 불편할까를 계속해서 자문한다. 자신보다 모든 구성원의 입장을 먼저 고려하고 배려한다.

9. 유능한 교사는 인간관계에서의 공감능력이 탁월하다. 언제나 학생의 입장에서 경청하고 애정을 갖고 돌봄과 지지를 한다.

10. 유능한 교사는 솔선수범한다. 모든 구성원들이 힘들어 하고 기피하는 일에 조직의 발전을 위하여 기꺼이 희생정신을 발휘한다.

TIP 14 효과적인 문제행동학생 상담

1. 신뢰 관계 형성

상담의 1차적 관계는 신뢰관계, 친밀감, 협조관계의 형성, 즉 래포(Rapport)이다. 래포는 교사와 학생의 마음이 상호 연결된 상태로 이런 관계에서 학생은 자신의 마음 깊은 곳에 있는 내용까지 교사에게 말할 수 있게 된다.

2. 구조화

상담의 성격과 학생과 교사의 역할에 대하여 알려주는 오리엔테이션이다. 학생과 교사가 함께 상담 목표를 정하고, 상호 간의 역할, 지켜야 할 규칙을 정한다.

3. 경청

학생의 이야기를 주의 깊게 귀담아 듣는 태도로, 말의 내용뿐만 아니라 말하려는 의도, 심정을 주의 깊게 정성 들여 듣는 태도이다. 학생으로 하여금 생각이나 감정을 자유롭게 표현할 수 있도록 북돋워 준다.

4. 주의 집중

학생이 편안하게 자신의 생각과 감정을 탐험할 수 있도록 교사가 신체적으로 내담자를 향하는 것이다. 교사의 주의 집중은 학생의 감정과 생각의 표현을 촉진한다.

5. 장단 맞추기

대화의 분위기와 이야기의 흐름에 장단을 맞추어 주는 반응을 말한다. 교사와 학생 간에 같은 언어반응 및 신체반응, 정서반응, 지적 반응으로 장단을 맞출 때 대화의 맛이 우러난다.

6. 질문하기

상담 과정에서 학생이 자발적으로 얘기를 풀어가기도 하지만, 때에 따라 교사가 적절한 질문을 하는 것은 학생의 자기탐색을 촉진하는 역할을 한다.

- 척도 질문: 학생의 문제 및 상태, 상담의 진전 정도 등을 양적으로 평가하게 함으로써 보다 객관적 상태를 파악하는 데 도움을 준다.
- 가정법 질문: 학생의 이야기에 대하여 보다 구체화하는 작업이 필요할 때 사용한다.
- 예외 질문: 학생이 자신의 모든 경험을 평가 절하하여 기억하며 부정적으로 왜곡하는 경우가 있다. 이때 예외 질문을 통해 학생의 자기존중감을 강화시킬 수 있다.
- 개방적 질문: 개방적 질문은 학생이 자신의 질문에 내재되어 있는 많은 측면들을 탐색하는 것이 가능하도록 한다. 개방적 질문은 포괄적이어서 학생의 다양한 관점, 의견, 사고, 감정까지 끌어낼 수 있다.

7. 자기 노출

교사가 자신의 생각, 경험, 느낌을 학생의 관심, 흥미와 관련하여 말하는 것으로 학생의 느낌, 유사성이 있는 경험을 구체적인 용어로 말한다. 자기 노출은 학생에게 유사성과 친근감을 전달할 수 있고, 보다 깊은 이해를 발달시킬 수 있으며, 학생에게 보다 철저하고 깊이 있는 자기 탐색의 모범을 보여주게 된다. 또한 학생의 흥미와 관심에 개인의 생각, 경험, 느낌을 솔직하게 노출시킴으로써 개성을 가진 하나의 인간 존재로 느끼게 할 수 있다.

8. 직면

학생이 모르고 있거나 인정하기를 거부하는 생각과 느낌에 대해서 주목하도록 하는 것이다. 학생이 모르고 있는 과거와 현재의 연관성, 행동과 감정 간의 유사점 및 차이점 등을 지적하고 그것에 주목하도록 하는 것이다.

9. 공감 대화

문제행동학생을 신뢰하며 친숙한 관계 형성을 만들기 위해서 포괄적 질문, 앵무새 대화, 나-메시지, 맥락적 경청 등 공감적인 대화기법을 습득하는 것은 매우 중요하다.

TIP 15 불안을 극복하는 지혜

인간은 감정적인 동물이므로 우울감이나 불안감을 느끼는 것은 정상이다. 우울이 과거와 현재에 대한 감정이라면, 불안은 미래에 대한 감정이다. 가벼운 우울이나 불안은 삶의 활력소가 될 수 있다. 그러나 우울이나 불안의 정도가 지나치면 긴장, 짜증, 강박관념 등 부정적 정서를 유발하며 시간이 지속되면 공황장애 등 정신병을 앓게 된다.

불안은 누구나 느끼는 감정이지만, 특히 입시를 목전에 둔 고등학생들에게는 불안의 정도가 고3병이라 할 만큼 심각하다. 우리의 고등학생들을 위하여 불안감이 정신병적인 증상으로까지 진전되지 않도록 스스로 불안을 극복할 수 있는 방법을 소개한다.

첫째, 욕망을 적정화하자.

욕구(need)와 욕망(demand)은 다르다. 욕구는 기본적으로 먹고사는 문제를 해결하기 위한 바람이지만, 욕망은 한계를 정하기 어려운 기대이다. 기대가 과하면 실망도 크다. 그러니 우리는 욕심 부리지 말고 욕망의 수준을 적정화해야 한다. 목표하는 바를 조급하게 서두르지 말고 '조금씩, 천천히, 그리고 꾸준히'하는 것이 욕망을 적정화하는 방법이다.

둘째, 비교와 경쟁의식을 버리자.

'비교하는 삶이 가장 불행한 삶'이다. 타인과 비교하는 습관을 갖게 되면, 다른 사람과 경쟁적인 관계를 형성하면서 안분지족(安分知足)을 못하고 늘 불만과 열등의식에 사로잡혀 불행한 삶을 살게 된다. 인간은 저마다 생각과 관점이 다르고 삶의 방식도 서로 다르므로 비교할 필요가 없다. 좋은 인간관계를 유지하는 것으로 만족하자.

셋째, 짜증을 통제하자.

짜증과 스트레스는 주로 타인이 나에게 행한 언행으로 생기지만, 짜증의 근본원인은 자신의 불안감에 있다. 짜증이 나면 불안의 정도가 정상범위를 넘어섰다는 몸의 신호이다.

몸의 신호를 신중히 받아들여야 한다. 짜증은 분노와 마찬가지로 마음의 독약이다. 짜증의 원인을 신중히 생각해 보고 스스로 짜증을 이기는 마음의 근력을 키워야 한다.

(참고) 서울의대 하지현 박사의 강좌, '불안은 사라질 수 있는가'의 일부 인용

TIP 16 인권 목록의 3가지 범주

1948년 12월 10일 파리에서 개최된 제2차 유엔총회에서 그 유명한 세계인권선언이 만장일치로 채택되었다. 그 이후 유엔을 비롯한 국제기구는 인권 보장을 위한 여러 가지 규약과 협약을 발표하였다. 현재까지 발표된 국제법인 규약과 협약에 담겨있는 인권 목록들은 다음의 3가지로 범주화할 수 있다.

첫째, 시민적·정치적 영역의 인권이다.

시민적 권리는 일정한 생활 영역을 국가나 타인의 간섭으로부터 보호받는 권리이다. 정치적 권리는 정치공동체의 구성원으로서 국가 업무에 참여하고 통제하는 권리이다. 시민적·정치적 영역의 인권은 보통 **자유권**이라고 통칭한다.

자유권 영역의 구체적인 인권의 종류는 생명권, 인격적 존재로 대우받을 권리, 평등권, 신체적 자유, 거주 이전의 자유, 사상 표현, 집회결사의 자유, 사생활 및 가족생활을 존중받을 권리, 정치 활동을 할 권리, 권리를 구제받을 권리, 재산권 등이다.

둘째, 경제적·사회적·문화적 영역의 인권이다.

경제적·사회적·문화적 영역의 인권은 보통 **사회권**이라고 통칭하며, 사회 정의와 실질적 평등의 이념에서 도출된 것으로 국가가 적극적으로 실현해 주어야 할 성격이 강하다.

사회권 영역의 구체적인 인권의 종류는 적절한 생활 수준을 영위할 권리, 근로권, 노동조합에 대한 권리, 사회보장과 사회보험에 관한 권리, 가정 보호 및 지원에 관한 권리, 아동 보호에 관한 권리, 건강권, 교육을 받을 권리, 문화에 대한 권리, 소수자 권리 등이다.

셋째, 연대적·집단적 영역의 인권이다.

연대적·집단적 영역의 인권은 최근에 등장한 것으로 환경권, 평화권, 발전권으로 구분하여 부른다. 이는 국가 간의 양극화, 빈부격차, 과도한 군비 경쟁, 핵전쟁, 환경파괴로 인한 생태위기 등 새로운 위기상황에 대하여 인권적인 관점에서 제기된 영역의 인권이다.

우리 정부는 위에서 제시한 인권 목록을 보장하기 위하여 국가의 의무를 다하여야 한다. 인권의 존중(respect), 인권의 보호(protection), 인권의 실현(fulfilment)을 '국가의 3중 의무'라고 한다.

(참고) 유엔은 세계인권선언을 기초로 국제법의 효력을 갖는 경제적·사회적·문화적 권리에 관한 협약(A 협약)과 시민적·정치적 권리에 관한 협약(B 협약)을 1966년에 제정하였고, 대한민국은 이 두 개의 협약에 1990년 7월 10일에 가입하였다.

TIP 17 인권교육 활동 유의사항

1. 인권교육을 준비할 때

- 학습자의 특성, 교육 여건 등을 미리 파악하여 강의를 기획하고 준비한다.
- 국가인권위원회의 결정 사례나 발간 교재 등의 내용을 반영하도록 한다.
- 일방적인 강의보다는 학습자가 참여할 수 있는 교수법을 준비하고 연습한다.
- 강사 이력 등을 사실대로 제출하고 강사료 수급 등에 있어서 청렴을 유지한다.

2. 인권교육을 진행할 때

- 학습자를 존중하고 신뢰한다.
- 균형감을 갖고 열린 마음으로 교육을 진행한다.
- 인권침해, 차별, 성희롱 등 반인권적 언행을 하지 않도록 언어 사용에 주의한다.
- 모든 학습자가 불합리한 차별을 받지 않고 학습할 수 있도록 교육을 주도한다.
- 교육 시간 중 인권침해나 차별적 언행, 성희롱 및 모욕적 언행이 발생하는 경우에는 강사로서 책임감을 갖고 이에 대한 주의를 환기시키고 학습자를 보호한다.
- 형식적인 교육이 되지 않도록 교육 목표를 유지한다.
- 필요한 경우 국가인권위원회 전화상담(1331)을 안내한다.

3. 인권교육 마치고 나서

- 강의평가 등 피드백을 토대로 더욱 성장할 수 있도록 노력한다.
- 더 나은 인권교육을 위해 인권감수성을 함양하고 학습하는 데 힘쓴다.
- 동료 인권강사들과 강의 경험을 적극적으로 나누고 더불어 성장한다.

* 위의 내용은 국가인권위원회의 인권강사 활동 안내서에서 일부 발췌

TIP 18 인권교육을 하면서 자주 받는 질문

다음의 질문은 인권교육을 할 때 자주 제기되는 쉽게 답변하기 어려운 질문이니, 강사의 입장에서 반드시 미리 심사숙고하기 바란다. 즉답은 피하고 수강생들에게 짧은 토론 주제로 던지는 것이 바람직하다.

- 인권교육은 인성교육만 잘 하면 되는 것 아닌가?
- 인권교육은 민주시민교육만 잘 하면 되는 것 아닌가?
- 인권과 기본적 권리는 어떤 차이가 있는가?
- 인권감수성과 인권의식의 정확한 개념은 무엇인가?
- 학생인권을 너무 강조하니 교권이 무너진다고 생각하는가?
- 학교의 교칙도 비례의 원칙을 적용해야 하는가?
- 학교폭력을 근절하는 방법은 없는가?
- 인권의 보편성과 특수성의 차이점은 무엇인가?
- 국제인권규약인 자유권과 사회권의 개념은 무엇인가?
- 인권은 소수자와 약자의 인권만을 존중하는 것 아닌가?
- 혐오감정과 혐오표현을 어떻게 구분하는가?
- 어떤 언행을 혐오표현으로 간주하는가?
- 간접차별로 보는 기준은 무엇인가?
- 포괄적 차별금지법인 평등법 제정은 꼭 필요한가?
- 정부에서 퀴어축제를 지지하는 것은 동성애 결혼 합법화를 염두에 둔 것 아닌가?
- 적극적 평등실현 조치는 역차별을 조장하는 것 아닌가?
- 성평등과 양성평등을 혼용해서 사용하는데 두 용어의 차이점은 무엇인가?
- 회사에서 인권침해를 당하면, 국가인권위원회에 진정할 수 있는가?
- 국가인권위원회는 무슨 일을 하는가?
- 직장 내 괴롭힘의 사례를 알고 싶다.
- 중고등학생에게 노동인권교육이 필요한가?
- 중고등학생에게 정치교육이 필요한가?
- 세계시민교육은 무엇을 가르치는 것인가?
- 생태전환교육은 어떤 교육인가?
- 디지털시민교육은 어떤 교육인가?
- UN의 지속가능발전목표 17개 과제(SDGs) 중에서 교육 분야에서 역점을 두어야 할 과제는 무엇인가?

TIP 19 교육활동 평가 프로그램 예시

○ 교육 수용도와 반응을 파악하기 위한 질문

- 교육에서 새롭게 발견한 것은 (   )이다.
- 교육에서 가장 기억에 남는 문장은 (   )이다.
- 이번 교육은 나에게 (   )이었다. 왜냐하면 (   ) 때문이다.
- 교육이 끝난 지금, 나의 느낌은 (   )하다. 왜냐하면 (   ) 때문이다.
- 교육에서 가장 인상적인 또는 도움이 되었던 활동은 (   )이다.
- '인권'하면 떠오르는 단어를 써 보자.
- 차별의 반대말을 3가지 써 보자.
- 내가 정의하는 인권은 무엇인가?

○ 참여자의 삶에 미친 영향을 파악하기 위한 질문

- 교육이 끝나고 내 마음 주머니에 (   )을 챙겨가고 싶다.
- 교육이 끝나고 나니 (   )을 새롭게 시도해 보고 싶다.
- 교육이 끝나고 나니 생각나는 사람은 (   )이다.
- 나는 (   )이 사라진 세상을 꿈꾼다.
- (부모교육 이후) 오늘 우리 아이를 만나면 (   )라는 말을 들려주고 싶다.
- (청소년 대상 인권교육 이후) 주변 어른들에게 하고 싶은 말은 (   )이다.

○ 후속 교육과제 파악을 위한 질문

- 다음 교육과정에서 더 알고 싶은 것은 (   )이다.
- 교육과정 전반에서 개선되었으면 하는 점은 (   )이다.
- (   )이 바뀌면 교육에 더 적극적으로 참여할 수 있을 것 같다.

출처: 인권교육의 알파와 오메가

TIP 20 인권교육 시연과 피드백 평가지표

범주		점검 목록
인권 감수성	인권 이해	인권의 의미와 원칙, 관련 기준을 이해하고 지지하고 있는가? 자기 삶 속에서 인권과의 연결고리를 파악하고 있는가?
	인권 체화	소수자에 대한 편견이나 고정관념을 표현하고 있지 않는가? 인권적인 언어와 태도를 사용하고 있는가?
	내용 구조화	내용에 대한 숙지와 자기이해에 기초하여 인권을 설명하는 자기 언어를 사용하고 있는가?
인권교육의 원칙의 대한 관점		교육안은 인권 지식, 인권적인 태도나 가치, 인권을 옹호하는 행동(인지-정의-행동 영역)을 고루 포함하고 있는가? 인권의 상호의존성에 대한 인식 또는 연대의식을 기를 수 있는 내용인가? 참여적 교육을 구성하고 참여자를 존중하는 접근 방식을 사용하고 있는가?
교육 과정	교육 목표	인권의 원칙에 부합하는 교육 목표와 핵심 메시지 설정이 이루어졌는가?
	교육 내용	교육 목표에 맞는 내용 구성인가? 최근 사례나 현재의 쟁점 등을 고려하여 교육의 현재성을 확보하고 있는가?
	참여자 분석	참여자의 특성과 교육 욕구를 고려하여 그들의 역량 강화를 지원하는 교육인가?
	교육 방법	교육 목표에 맞는 교육 방법을 선택하였는가? 참여자의 동기를 유발하고 강화하는 방법이 포함되어 있는가?
	의사소통	내용을 효과적으로 전달하고 참여자의 상호소통이 이루어지고 있는가? 오류에 대한 지적 등 부정적 의견에 수용적인 태도로 토론하고 있는가?

출처: 인권교육의 알파와 오메가

* 점검 목록에 대하여 4단계 척도로 평가해 보자.
(예) 매우 그렇다 / 조금 그렇다 / 조금 아니다 / 매우 아니다

듣게 하소서

이해인

주여 나로 하여금 이웃의 말과 행동을 잘 듣는 사람이 되게 하소서
내 하루의 작은 여정에서 내가 만나는 이의 말과 행동을 건성으로 들어
치우거나 귀찮아하는 표정과 몸짓으로 가로막는 일이 없게 하소서
이웃을 잘 듣는 것이 곧 사랑하는 길임을, 내가 성숙하는 길임을 알게 하소서
이기심의 포로가 되어 내가 듣고 싶은 말만 적당히 듣고
돌아서면 이내 잊어버리는 무심함에서 나를 구해 주소서
나의 도움을 필요로 하는 이에게 못 들은 척 귀 막아 버리고
그러면서도 '시간이 없으니까, 잘 몰랐으니까' 하며 핑계를 둘러대는
적당한 편리주의, 얄미운 합리주의를 견책하여 주소서
주여 나로 하여금 주어진 상황과 사건을 잘 듣는 사람이 되게 하소서
앉아야 할 자리에 앉고, 서야 할 자리에 서고,
울어야 할 때에 울고, 웃어야 할 때에 웃을 수 있는
민감하게 듣고 순응하는 삶의 지혜를 깨치게 하소서

참고문헌

- 감다원 외 6인, 세계시민학 서설, 주류성(2021)
- 국가인권위원회, 우리가 알아야 할 인권침해와 차별: 인권교육용 결정사례집(2021)
- 국가인권위원회, 인권교육의 알파와 오메가(2020)
- 남승현 외 5인, 국가인권위원회, 인권교육 기본용어(2004)
- 곽삼근 외 5명, 공저, 일상의 여성학, 박영사(2017)
- 교육부 제작, 미래교육과 학부모의 역할, 대한민국 미래교육한마당(2019)
- 김성천 외 4인, 학교, 민주시민교육을 만나다!, 맘에드림(2019)
- 김은혜 지음, 젠더 감수성 교실, 한겨레출판(2020)
- 넬다딩스, 로리 브룩스 지음, 정창우, 김윤경 번역, 논쟁수업으로 시작하는 민주시민교육, 풀빛(2017)
- 마셜 B. 로젠버그 지음, 캐서린 한 번역, 비폭력 대화, 한국 NVC 센터(2011)
- 박경태 지음, 인권과 소수자 이야기, 책세상(2007)
- 박남길 지음, 빗물이 흘러 강이 되는 다문화, BookStar(2014)
- 박성희 지음, 독일교육, 왜 강한가?, 살림터(2014)
- 박수정 외 6인, 오늘의 교육 내일의 교육정책, 학지사(2021)
- 베르너 바르텐스 지음, 손희주 번역, 감정폭력, 걷는나무(2019)
- 벨훅스 지음, 이경아 번역, 모두를 위한 페미니즘, 문학동네(2015)
- 서울시교육청 번역, UN 청소년 2030전략, 민주시민생활교육과(2020)
- 서울시교육청 제작, 노동인권 꿀팁(2017)
- 손희정 지음, 함께 생각하지 성평등, 풀빛(2018)
- 유네스코 아시아태평양 국제이해교육원 지음, 세계시민교육, 학교와 만나다(2016)
- 유네스코, 글로벌시민교육, APCEIU(2014)
- 임종근 지음, 교육을 교육하다, 에듀니티(2019)
- 임종근 지음, 교육내시경, 네이버블로그(2021)
- 장한업 지음, 차별의 언어, 아날로그(2018)
- 토마스 고든 지음, 이훈구 번역, 부모 역할 훈련, 양철북(2002)
- 하종강 지음, 우리가 몰랐던 노동 이야기, 나무야(2018)
- 하승수 지음, 세계인권사, 두리미디어(2012)

선생님과 마을교육활동가를 위한 교육매뉴얼

세계시민성과 인권이 정답이다

초판 1쇄 인쇄 2022년 9월 26일
초판 1쇄 발행 2022년 9월 30일

지은이 임종근
펴낸이 김충수

펴낸곳 세창문화사
출판등록 제 374-2014-000045
주소 | 경기도 수원시 장안구 천천로 233 (5층)
전화 | 1544-1466
팩스 | 031) 269-6366
홈페이지 | www.scprint.co.kr

가격 20,000원
ISBN 979-11-91820-37-9 (03370)